史料纂集

山科家禮記　第四

凡例

一、史料纂集は、史學・文學をはじめ日本文化研究上必須のものでありながら、今日まで未刊に屬するところの古記録・古文書を中核とし、更に既刊の重要史料中、現段階において全面的改訂が學術的見地より要請されるものをこれに加へ、集成公刊するものである。

一、本書山科家禮記は、羽林家で內藏寮を管掌した山科家の家司大澤久守・重胤等の日記である。

一、本書は應永十九年及び長祿元年（康正三）より延德四年までを存するが、中間に闕失の年次が多い。

本冊には、宮內廳書陵部所藏の原本により、文明十三年・長享二年・長享三年三月まで、及び田中穰氏の所藏にかかる文明十八年の日次記を收めた。

一、校訂上の體例については、本叢書では、その史料の特質、底本の性格・形態等により必要に應じて規範を定め、必ずしも細部に亘つて劃一統一はしない。翻刻に當つては、つとめて原本の體裁を尊重し用字を殘したが、體例の基準・凡例については第一册に掲げたところに同じである。

一、本書の公刊に當つては、宮內廳書陵部ならびに田中穰氏はこれを許可せられ、且つ格別の便宜を與へられた。特に記して深甚の謝意を表する。

凡例

一、本書の校訂は、豊田武・飯倉晴武の兩氏が專らその事にあたられた。銘記して深謝の意を表する。

昭和四十七年三月

續群書類從完成會

目次

山科家禮記 第四

文明十三年

（柳原紀光後補表紙、上書）
「文明十三年雜記　四季」

（原表紙）

文明十三

（原寸縦二七糎、横二一・七糎）

大澤久守記

（原表紙裏）
「

（貼紙）
『文明十三
（後土御門天皇）禁裏四十トラサル
（勝仁親王）宮御所十八子午
（足利義政）室町殿四十七うとり
（足利義尚）御方御所十七うとり
（山科言國）本所卅うとり
（山科定言）御料人六うしひつし
（言國室、高倉永繼女）上様廿六子午
予五十二うしひつし
兵廿八うしひつし
二竹　うとり』

一、阿州一宮事、
一、水田郷文明十一年年貢事在之、
一、大澤寺本尊事、
一、禁裏御まゆ御のこい事、
一、親王万秋樂御傳受事、
一、粟津供御人大津一ミの事、大つのうけふミの案文候也、
一、御服しゆんしよくの事、親王夏御なをしの事、
一、公方黑木事七郷へ事、
一、上岩屋タウヘノ御前のうハふきの事、
一、法事法會ノ事、
一、雲州御奉書事、
」

(1オ)

文明十三年正月一日、天晴、辛丑、丙子、

吉書始

一、吉書候也、目出度候也、坂田(資友)方十疋被持候也、包丁刀一給之、

一、本所(山科言國)懸御目候也、御祝後御飯、

一、熊ヒシヤモン經ヨム、ヒシヤモン入申之布施、

飯尾爲修爲秋年始に參る

一、飯尾三郎(爲修)左衞門・同三郎(爲秋)右衞門爲禮出來候也、

一、彦二郎二十疋持來候、有酒之、二十疋ニ茶一袋副則遣之、

言國參內衣冠

一、本所御參內、衣冠、御供彦兵衞(大澤重致)・中務少輔(賴久)・御雜色・御小者、

宮(勝仁親王)御所御小直衣シラウ、今日七時彦兵衞持參也、

□被行候也、上卿三條西(實隆)殿、中納言拜賀ニテ御參也、

□才天、七御りやうく、へんついうちのかミ、

(二日カ)□□、□、

(1ウ)

買初

□イソメ・こふ・かちくり・たわら・酒、

□太刀金持來候、うちへ百疋、本所へ太刀金有酒之也、

□うちへ竹壽、彦兵衞行、

□四郎方へ一か・ゑひ・こふ行、
一、このゑの地子四百六百(マヽ)文在之、つかい候也、
一、畠山殿本所へ出來也、高畠方、くらち、清水四郎右衞門御禮參也、
一、今夕彦兵衞御方へ行、御か丶みいた丶く、御ちニ十疋とらせ候也、町のかいそめニていわゐ候也、

三日、晴、戊寅、

下京火災

一、今夕下京やけ候也、昨夕もやけ候也、

禁裏及び春宮より鯛を賜はる

一、禁裏(後土御門天皇)より御くはりとてたい一まいり候、御使酒のミて歸也、
一、宮御所より御くはりたい一まいらせられ候也、

言國參內

(2オ)
一、本所御參內、今夕ハ明日御用ニ早ヽ御退出也、」

四日、天晴、己卯、

言國幕府參賀

一、本所武家御所(足利義政)御出仕也、御供彦兵衞・坂田式部(資治)方・御小者・雜色、御簾花山院被申候也、人夫一人、各ゆつけにて酒候、御こしかき御出、御歸ニて酒兩度代二百廿文下行、

輿舁人夫代

一、東庄(山科大宅鄉)ニて入候あふきかし、おひ・扇十二文、扇廿ほん、又十ほん四文、扇百文ニて三本、扇五十文、扇三本、おひ五すち七十文宛、おひかミ二束、三百四十文、

一、東庄より五十嵐上洛、あめ二からけ、酒にてあふき一ほん、さい方よりふて一對文候、御返事わた十文め下候、あふらうり、

大工

一、大工出來候、酒ニてあふき一本、佐渡方酒にて歸申、

油賣鹽賣商人年賀に参る

一、ふかくさ廿文・あふき二、あふらうり二人一本宛、しほうり一ほん、」

山科庄民等年賀に参る

(2ウ)

一、いや三郎女こふ持來候、酒にて代五十文取之、

一、いや六今朝東庄下、今夕上候、山口もちい東庄分五百まい、代二百文、なきのつしもちい百まい、代百文、まめ二斗五升、此内もちい二百まい、代二百文上候、地下ニ貳百まい、まめおく、もちい百まい、せんすまんさい百文、なきのつしの五十文政所、五十文七郎さへもん取之、當年ハもちい五百、代三百文在之、

言國夫人より帯を賜はる

一、本所上様おひ一すち給候也、御ふミ候、おひ一・雑帋一束御返事也、

一、山口もちい東庄ハもち廿まい・まめ一升十合ニ、なにもなきものハ代五十文、山守あんてうハ不出候也、なきのつしもちい十まい、代十文、家一間也、

一、予今日もとゆい竹阿ミとる、扇一本取也、

五日、晴、庚辰、

久守諸家へ年賀に参る

一、今日所ゝへ予禮ニ行、三寶院大谷・伯民部卿(白川忠富)・ヤクイン・庭田殿(雅行)・甘露寺殿御方(元長)・佐渡守・飯

尾三郎左衛門・同三郎右衛門・松波・下冷泉殿・藤宰相殿（高倉永繼）・同女中御方・粟津・高畠・清水・クラチ・松井・樂人筑前・伊勢右衛門・窪田方・廣橋殿藤堂豊後左衛門大夫・清和泉（貞秀）、」（3オ）本所、三郎右衛門・同左衛門大夫・吉田修理大夫・民部大輔・飛鳥井殿（雅康）・与三左衛門・大和守・新右衛門・美濃守・布施・駿川・松田丹後（秀興）・飯賀（飯尾清房）・松波三川入道・誂藏主・おはた・宇野殿・飯尾四郎方・將監方・松田豊前（貞頼）・飯尾四郎右衛門・齋藤いなは入道・同主計・一宮備後・一宮入道（正久）・上冷泉殿・勢州・小田方、太刀金、

織手井上

一、織手井上御枕つゝ持來也、

一、川嶋鄕（山城國葛野郡）より人上候也、

六日、晴、辛巳、

一、難波殿今日東庄下向候也、

山科東庄より若菜到來

一、東庄よりわかな、兵衛九郎・七郎さへもん・政所のかたに上候也、色々下候、なんはとのへ御下候也、

一、二郎五郎くき・わかな持來、酒にてあふき一本候也、

古河右京亮

一、古河右京亮若藁一荷・扇一本、使ニ一本遣之、」

（3ウ）

一、本所こもとゆい、酒候也、

一、西岡中嶋方十疋持來、闔事申之、酒にてあふき一本五本也、
一、五百文坂田方米代、以前兩度ニ一貫二百文、是にて一貫七百文、
辰巳口菓子公事錢
一、百文たつね《ミ》口くわしの公事錢、二百文之内すゝ候也、
七日、天晴、壬午、
味噌水祝に山科東庄へ下向供衆
一、今朝ミそうつニて東庄へ下、人夫ハ昨夕より上候也、馬若衆ミちまて出來候、供いや六・小四郎・岩法師・竹阿ミ・若衆五人、又いや五郎・七郎さへもん・いや三郎出來候也、於東庄先
政所
かんニて後もちい、後御宮へ參也、御酒之後神樂、次本所ニて御いわゐ、次政所飯、次ゆに入候也、次御かゝみ五人するゑ候也、政所さかな、次三郎兵衞かんニてかゝみ、次七郎さへもん、
おとな衆の祝
次さかなにて兵衞九郎、次いや五郎、次おとなの酒にていわゐ候也、
一、大澤寺十疋持出來也、
一、ふもんあん十疋持被來也、おひ一、あふき一三本也、」
（4オ）
八日、天晴、癸未、
串柿
一、師殿時ニ出來候、串柿一連給也、扇一本、布施卅文、
一、野口弥四郎名のいわゐ、御かゝみ四前、一前ニかゝみ一面九寸、同程はなひら六ま〔い脱カ〕・ひし三あかし・くしかき一くし・かんしくり、

一、當所山守五人十疋、五人ゐほし子出之、あふき一本・かミ二てう取也、かんにて酒、後ニ飯ニて大酒候也、

山科家庄民等來賀
四手井入道子

一、四手井入道子二人十疋・茶三袋持來候、あふき一本宛、是ニ地下ものとも腹くひ候間、歸候也、

三郎兵衛子

一、三郎兵衛子二人あらまき一持來候、扇一本宛五十文あふき也、酒にて歸也、

西林庵
桂正庵

一、西林庵《おひ七十文》ちや十袋、桂正庵《おひ七十文》ちや五袋、文一《御ふくおひ》五袋被持來也、

一、大澤寺へ二十疋、予今日持行候也、茶子ニテ茶候也、

（4ウ）

一、いや九郎方へ代三百文、雜事又百文、あつき、御僧たちの用、

一、もちいつかい候事、

上様へ山口もちい十五、御ちの人大はなひら一、うへニ又三、御三人同事、いや六・小四郎・竹阿ミ、大はなひら一宛、うは・いや五郎・さいかたへ遣之、いし・いは、

一、養供ちや三袋・五十文・あふき一ほん、

一、せいはんちや二袋持來候、あふき一ほん、

一、まこき一おしき、酒にて、あふき一ほん、

大串柿

一、禪宗大串柿二串持來候、扇一本、

九日、晴、甲申、

（5オ）

一、三位子十疋持來、扇一本三本也、今日各もちいくわれ候也、」

○コノ間缺損、以下十三日條ニカカル、

人夫一人、いや六・いや三郎・岩法師・寅法師、今朝是ニてひやさけニて御いわゐ、御さかつきいたたく、次三郎兵衛所ニ予各朝飯、本所へも御たひ□□〔給カ〕也、次もちいにて酒、次ゆをたく、 あかりて又うとんにて大酒也、

一、今夕たうのおこない、

十四日、雨下、己丑、

一、上様御里より御かゝミ・柳一か・あらまき二下也、御つかいおひ・あふきとる、

一、今朝予各御めし一もししる、同ひしきあへ、大酒候也、彦兵衛上候也、

三毬丁竹到來

一、さつきつちやう竹三郎兵衛五十かと二百本・しは一か、三郎ひやう、せんそう北殿御ふん、ひこ《うらしろ》七十かとしは一か、せい《しらしろ》はん十かとしは一か、政所よりうらしろそへ候也、わらハ坂田方よりなかなかの出之、入ほうたひ、」

（5ウ）

十五日、天晴、庚寅、

三毬丁

一、三毬丁三本はやし也、後御かゆ御僧三人、大澤寺布施十〔文脱カ〕、養供廿文、セイハン十文、

無鹽鯛到來

一、窪田藤兵衛尉方フエンノ鯛一カケ、返事茶十袋遣之、

十六日、晴、辛卯、

湯屋

一、今日當所御ゆニ本所各入之、十疋ゆ屋へ遣之、

阿波國一宮神領注進僧來る

親名神役

一、今日四國阿波國一宮神領之内、麻粟《アワウ》・大庭《ヲウハ》、注進之御僧上候、委細尋候、名十五名此内山か十三名、守貞《モリサタ》・沼《ヌマ》・長藏《ナカクラ》此三名おやミやう也、此ほかに名上久吉《カミヒサイハ》三名・中久吉《ちうひさいは》三名・下久吉三名在之、これハ神領にて神役沙汰候と也、

長寶寺蓮花寺

三善郷ハ又ほとへたゝり候也、ミよしうちのものおはし、所務ハ一宮仕候也、麻粟うちニ長寶寺在之、本所いは御所也、□卅貫文也、同所蓮花寺ヒタニ所寺領十五貫文、」（6オ）以前あへと申者代官申、これもすたり候也、

一名田數三町四反代段錢

公事錢

此十五名一名宛田數三町四反代ニて出之、十一貫文・十二貫文在之、段錢ハ段別百文宛、もとハ十六文宛、公事錢事、

桑漆麻綿代夫錢

一、くわの代、　一、うるしの代、　一、あさの代、　一、わたの代、　此外色々在之、夫錢在之、

使僧の名光玄

一、名一年内合卅貫文宛也、使僧名光玄と申也、

大粟大明神

一、阿州一宮とて一社候也、又麻粟・大庭のうちニ大粟大名〔明〕神とて大庭候也、兩社御座候也、上のか下御さかり同事之由、一宮入道へ申候也、

山科家當座和歌會
久守詠歌
坂田資友旅籠振舞
美濃國吉田兵庫助より状あり
興米
雑事下行

十七日、晴、壬辰、
一、南よりせち候とて朝飯もちいくれ候也、
一、當座候也、予二首詠進候也、
朝　霞　明たらし霞の衣うすくこく雲のはそてのなひくのとけさ
寄郷祝　ちかひあれハにきわひニけり此里の一人の心もすなをなる神
十八日、晴、癸巳、
（6ウ）
一、坂田方今朝はたこふるまいニ御汁ニて大酒候也、
一、ミの、吉田兵庫助状候也、茶三袋・扇一本下、おはりよりこかたな一・ふミ共候、
十九日、晴、甲午、
一、おこしこめ五合、たかはしくれ候也、
一、式部（坂田資治）方上洛候也、代十疋上候也、いや六も上候也、
廿日、天晴、乙未、
一、今朝十疋いや五郎雑事下行、
一、もちい候也、しゆく六候也、
一、過夜三位子西かきヤキ候也、

○以下コノ月缺損、

（7オ）

文明十三年二月一日、雨下、丙午、仲春朔御慶、

一、今朝西川殿(房任)御飯御沙汰候也、

播磨國下揖保庄去年年貢を納む

一、五貫文下揖保庄(播磨國揖保郡)年貢去年分山田方、新宰相殿持被來候也、

南口淀口關錢

一、七百文古川右京亮、南口よと口分也、去月分、

御供

一、東庄(山科大宅郷)より御くう上候、代五百文下、ひくつ下候也、

初午

一、今日はつうま、中書(賴久)・刑部少輔まいらせ候、まき・五葉廿本許かい候也、

盆山

一、佐渡守方禮ニ出來候、盆山壹あつけ候也、

二日、晴、(マヽ)乙未、

一、本所(山科言國)藤宰相殿(高倉永繼)御出候也、

（7ウ）

地震

三日、天晴、地シン、戊申、

伏見竹公事錢

一、二百文、ふしミ(山城國紀伊郡)竹くしせん、さへもん四郎、三郎四郎、

近衛地子錢

一、七十二文、こんゑのちし、衞門三郎四十文、一條町ゑもん卅二文、

飯尾爲修甘露寺親長を訪ふ

一、いや六、今夕東庄へ下、

一、予飯尾三郎（爲修）左衛門方・甘露寺（親長）殿參也、

四日、晴、己酉、

一、飯尾四郎・同老母朝飯よひ候、柳一か・鯛一かけ・久喜一鉢持來候也、ひる大酒也、さかなにて百文とこなつとり候也、

五日、雨下、庚戌、

飯尾爲秋直垂大口持來る

一、飯尾三郎（爲秋）右衛門直垂・大口持來候、しあわせ候てとなり、

一、予一宮所へ行、代可出之由候也、」

○コノ間缺損、以下十六日條ニカカル、

行候也、留守候也、

（8オ）

一、しやくたう在之、彦兵衛見物ニて代十疋ひろい候、酒候也、

彼岸ニ入候也、今日より、

十七日、天晴、壬戌、

河嶋鄕正永來る

一、（山城國葛野郡）河嶋鄕正永・弥九郎出來候、酒候也、

言國明日の勝仁親王御笙始奉行を命ぜらる

一、豐筑後（統秋）出來候也、本所へ御方御所（勝仁親王）御しやうはしめ事、松木殿（宗綱）御留守間、傳奏以勸修寺殿（教秀）被仰出候間、今日被申也、

嫁迎へ座敷及び婚禮作法
式三獻
次日の祝
三日の祝
甘露寺元長婚禮の場合
勝仁親王萬秋樂傳受さる言國奉行
上町女鯛昆布を進ず

一、今日よめむかへの座敷のやう、又いわゐの様尋候也、上ハこきちやうを立候、御まへのものハ二ちうからへいし二くちつゝむ、おきとりこいかたくちてうし、上ハ御つしひとりいわゐ、しき三こんのときむねのまほりおとりて、ミつしのうへニおく、次きやうゆつけ男女のおとりちかへ候也、のちハこん〳〵候ハん共、又ぬしのまゝ、次日のいわゐハぬしのまゝ、三日のいわゐ、あかきもちい・しろきもちい三と入ニ一つゝ入、二くきやうニすゑて出、三さるへき男女ニ一せんつゝ、もちいのおほゝきさハ、いのこの御ま《な》いりきりのほとニたゝくつむ、かす候へともたくつミほうたいニ入候て候也、又しろきもちいはかりお、かわらけ二にもつミ候となり、今度甘露寺殿（元長）御方のハ如此候也、このもちいもとりかへもし候、又もちはかりもせんおもさた候也、」

（8ウ）

十八日、天晴、癸亥、

一、今日宮（勝仁親王）御方萬秋樂御傳受、本所御申御沙汰候也、御裝束衣冠御大帷重之、則御着座候也、以前如此候也、雅樂頭（豐原緣秋）武家（足利義尚）より參御馬給候也、子細者本所御說在之、

十九日、晴、甲子、

一、上町女共中より鯛一懸・こふ桶壹くれ候也、上ニかいあわひうり候おとめ候、其禮候也、

一、前藥（マヽ）陰方出來候、朝飯まいらせ候、すミの公事御事候也、

山科家月次御樂

一、今日本所御樂御月次、園殿（基有）・甘露寺殿御方・雅樂頭・おき守・筑前守・安藝守・同將監、

廿日、晴、乙丑、

七條道場へ參る

一、七條たうちやうへおとりニ予參也、忍庵花一見候也、

一、かいつふり四出之候也、御れう人さま下進候也、

廿一日、雨下、丙寅、

勝仁親王月次御樂

言國奉行

美濃國武方鄉より白帷到來

（9オ）

一、今朝佐渡守・粟津四郎右衛門・窪田藤兵衛朝飯よひ候也、西川殿御出也、

一、宮御方御月次御樂、本所申御沙汰ニて御參也、

一、ミの、武方より白帷一□（上カ）られ候、石丸丹波、齋藤丹波と申、目出度之由申遣狀候、今日下候也、

廿二日、天晴、丁卯、

禁裏千句連歌御會始まる

一、禁裏今日より千句御座候とて本所御參也、

一、今朝粟津四郎右衛門本所へ御汁仕候、柳一荷・鯉二・あわひかい十、

四條道場へ參る

池坊の花見る

一、四條たうちやうのおとろニ予參也、《たうちやうのはなも一見申之、》池坊はな一見候、　一、今日うは上也、

備中國呰部鄉去年年貢納む

一、備中呰部鄉（英賀郡）より智阿ミ上、同弥六、去年ゝ貢《アサイノ》、於國貳十貫文請取之由候也、代先一貫文出之、

後土御門天皇身邊の御變化

一、禁裏今日より御まい御のこい、かやうに候へハ、御こしかミ《ていゐ今度候也、》・御服御色・御檜扇おき物す

くなし、よろつかわる事在之、二三年御治世候也、かやうにて候なり、

廿三日、晴、戊辰、

山科東庄の信濃櫻を掘る

一、中書・難波殿東庄下、しなの櫻ほらせニなり、又くほきも木の事申候也、

雜事代下行

一、代三百文地下へ下、雜事、

□家新宰相殿夕飯まいり候也、

（廿四）□□日、　天晴、己巳、

禁裏千句連歌御會費用を沙汰す

（9ウ）

一、代三百文、禁裏參、千句之内申御沙汰候也、各御くゝり也、

一、美濃藏主方より状到來候也、

生栗

一、今日高烓（マヽ）尾崎坊へ飯尾加賀守（清房）罷向、予・彦兵衛よはれ候也、彦兵衛同道之、柳壹荷・生栗一籠・しゆつかん一つ、〻二百本、

蛤當年始めて

一、蛤出之、當年はしめ候也、

廿五日、晴、庚午、

禁裏千句連歌御會終了

一、今日禁裏千句御連歌はて候也、

夫賃は散用にたたず河成政所作は散用にたつ

一、誂藏主方へ行、坂田方同道色〻申候、ふちんハ散用ニたち候ハす候、河成・政所作ハたち候也、文明十一年ハ五十四貫九百文納候也、請取度〻返之、皆濟請取也、酒候也、

備中國水田鄉
年貢請取狀案

請取申　備中國水田（英賀郡）鄉領家方年貢事
　合七十五貫者　但散用狀在之、
」

○以下コノ月缺損、

（10オ）

〔三　月〕

○一―十一日缺損、

十二日、晴、丙戌、

禁裏へ栗獻上

一、禁裏（後土御門天皇）栗一裹被進候也、

諸所へ鯉栗等を進上

一、藤宰相（高倉永繼）殿御局へ鯉一・栗籠一・柳一荷、同物伊勢いはな殿局へも被遣候也、予甘露寺（親長）殿柳一か・鯉一・栗一裹進上、今朝御汁候也、藤宰相殿へも本所（山科言國）より栗一籠被進候也、

明日山科家月次和歌會

一、明日本所御月次の歌よミ進上候也、

久守詠歌

　窓前竹　明わたる空ともしらて呉竹のはかけよふかき窓のうちかな

一、法住寺殿百七十文下行、

十三日、晴、丁亥、

言國法住寺へ參る

輿舁人足代

法住寺應仁の亂にて荒廢

一、今朝法住寺殿本所御輿にて御參、衣冠、御供彦兵衛尉（大澤重致）・坂田方（資友）・御雜色・御小者、予・中書（賴久）參會候也、御輿かきハ二百廿文取之、卅三間東前ニ予若時マテかねつき堂也、」無之、法住寺殿大門唐門候、今度一亂中無之、西御庭のいしにてかき候、其きり石無之、御か□けも此一亂ニなし、せいとう卿のうへられ候と申也、ほりのけ候事無念□候也、西向御ゐんなとにハ物もおかす、人もあからす候也、當時無沙汰也、御くるまなから御くしきたにしむきなり、にしへ度々御れいの御思ひ候也、御念佛如例、

（10ウ）

一、まちよりふな十二、しものまちの也、

禁裏手猿樂

一、今夕禁裏手猿樂候、くすしの竹田子（昭慶）、備中守護披（被）官人、御臺御中間、さいもくうり、下々司なと仕候、御庭つちと御番の事、予ニ被仰出候、沙汰候也、ことのほかきふく不可人入之由候也、

十四日、天晴、戊子、

大工襖障子修理

一、御大工ふすましやうしのふちひきてうち候也、

一、二郎ゐもん高野へ御參詣也、いとまこい候也、

くすし祭
幕府庭作來り庭木請求
阿槐圓
大工
庭の櫻滿開
大津粟津間に抗争あり
河嶋鄉より炭到來
備中國水田鄉去年年貢殘り貢納を約す

一、上町ふな廿三こん出之、地下へ下、くすしまつりの用、」
十五日、晴、雨下、己丑、
（11オ）
一、勝宗ときくわれ候也、中書東庄下也、
一、公方御庭者三人出來候、七鄉御庭の木の事也、わひ事也、
一、豐筑（統秋）後守出來候、阿槐圓百丸給候也、夕飯也、
十六日、晴、庚寅、
一、難波殿今朝出來候也、
一、御大くかうの辻木本、の、うハふき、兼日より二人候て、今日しはて候也、一貫文也、これのかきかけうち也、
一、西川殿（房任）十疋被持候、御庭の櫻ミことなり、
一、今日大津者荷め二かとめ候、これハあわつのくミをはれ候間、かやう候也、去年當年はるまでの事、
十七日、雨下、辛卯、
一、河嶋鄉よりいせんすミ二か、一か、百四十文宛也、入道出來也、
一、いちのミ所へ行、誂藏主有使候、明日去年殘可進之散用之由申也、使津田酒のませ候也、」

（11ウ）
一、今日いや五郎上候、かうやまいりいとまの事申之不出也、いや六・小四郎ハまいり候也、明
日可立之由候也、
十八日、晴、壬辰、

禁裏御直衣調製なる

一、禁裏御直衣御服參候、御惣用今度十九貫文也、中書上洛也、
一、東庄へすミ一か下、今日地下ものともかうつ（マヽ）やまいる、
十九日、天晴、癸巳、

山科家月次御樂

一、本所之御樂御月次候也、園殿・本所・雅樂頭（豊原縁秋）・隠岐守・筑前守・安藝守・筑後守（豊原統秋）・明増、
一、粟津者、今日御返事候、委細申下候也、
廿日、晴、甲午、
（12オ）
一、貳貫文一宮納、請取出之、

山科七郷禮錢

一、壹貫文七郷禮錢也、いや五郎三百文下行、

久守粟津大津供御人抗争につき庭田雅行を尋ぬ
大津供御人庭田家を本所と申す

一、庭田殿（雅行）予參、粟津より申大津浦事、
は、まつもと、ひんかしのうら、大津せきてう各九ほう也、これらあわつと申あひて、供
御人のき、庭田殿本所と申、此方理運申、又うけこい候也、もとあわつへ此在所うけふミ、
あわつニもち候、もとハ四五人と申之、いま五六十人在之、きむらと申者今度大津雑掌と

て在京候也、

廿一日、晴、乙未、

一、誂藏主水田鄕(備中國英賀郡)年貢事申之、

大津供御人と和解す

一、今日大津さるもちの荷二か返し候也、庭田殿被仰候間、如元候也、御使備後守也、此方供御人のよし候也、

足利義政參內本年初參なり

一、禁裏當年初武家(足利義政)御參內也、本所御供ニ御參、束帯也、次甘露寺殿(元長)弁・伯中將殿(白川資氏)也、御三人下らう御くつなか、御太刀、上首御れん七こん候、もとハ三こん也、」

(12ウ)

廿二日、晴、丙申、

合木

一、今日合木、甘露寺殿(親長)・本所、

廿三日、晴、丁酉、

備中國水田鄕領家方年貢算用狀案

一、今日水田鄕去年分年貢請取・散用狀案文也、廿貫五百九十五文之內三貫文又免、度々納分四十貫五百九十五文分也、

退藏庵御領備中國水田鄕領家方算用狀事

合文明十二年庚子分

文明十一年川成

當損免

現納

一、拾貫文　文明十一年川成

一、貳拾四貫四百二文　當損免

一、肆拾貫五百九十五文　現納

已上柒拾五貫文

文明十三年辛丑三月廿一日

寺家代官
承詵在判

備中國水田郷領家方年貢請取狀案

（13オ）

請取申　備中國水田郷領家方御公用事

合七十五貫者　但散用狀在之、

右爲去年分如皆濟所請取申如件

文明十三年三月廿一日　久守判

（13ウ）

○コノ間缺損アリ、

廿七日、晴、辛丑、

一、代百疋東庄へ下、小四郎、

一、予、民部卿（白川忠富）・甘露殿（寺脫カ）・一宮所へ行、

言國書狀案

一、今日京極殿(政經)御本所御狀案文、

出雲國內山科家領回復を京極政經に依賴

（14オ）

當國之儀、無爲落居之條、目出度候、就其、天德庵ニ令申家領事、可然樣被懸候へく候者、

可悅喜申候、恐々謹言

三月廿八日　　言國

京極政經

治部少輔殿(京極政經)

一、予出來之、又予狀天德へそへ候也、

禁裏御服潤色を仰せ出さる曲事なり

一、禁裏御服しゆんしよくの事、夏御直衣、御服ニ百疋そへ被出候也、曲事也、これかはしめ也、

比興候歟、

勝仁親王夏御直衣代手付出さる

一、親王夏の御直衣代手つけ五百疋被出候也、千疋ニて御あて、おひまてと候也、五丈五尺分、

親王御身代

御袖たけ二尺一寸、御身五尺、殘御らん御のほりぬいたて候也、

廿八日、晴、壬寅、

岩屋社祭の笠

一、岩屋殿祭一物かさ、三位さいく見事かさり沙汰候也、

久守山科東庄下向

一、予東庄へ下、難波刑部方同道、竹阿、弥三郎、

廿九日、晴、癸卯、

（14ウ）

言國山科下向

一、本所御下向候、御供掃部（重有）御太刀持也、中書・坂田方・同式部方、御小者小四郎、代三貫文下、智阿ミいせんの九貫文也、昨日出也、

一、南より祭酒とて、又こわい、候、各まいらせ候也、

一、本所上様へ去年分一貫文進之、これにてすミ候也、當年いまた、

種米

一、たねのこめくれ候、いのもと・中務、

卅日、晴、甲辰、

山科東庄政所夕飯招待さる

一、今夕政所夕飯候也、各よひ候也、

清水谷實久西川房任山科へ下向

一、清水谷（實久）大納言殿・西川殿・彦兵衛・彦三郎下向候也、

〔四月〕

○一―三日缺損、以下四日條ニカカル、

（15オ）

商賣中

あハつ五ほう
右近（四カ）□郎判有
大川　いま□いきたり
しやうはいの御中
とう九郎介判有

同
大夫 判有

五日、天晴、己酉、

一、三郎兵衛所へ予朝飯、湯ヲ焼也、又酒候也、

六日、晴、庚戌、

蛤

一、はまくり出之、地下へ下、賀州、

普門庵客殿

一、普門庵へ客殿タ、ミサシ候トテ朝飯ヨハレ候也、二十疋持行、坂田方（資友）・掃部方（重有）同道也、本所（山科言國）へもめしまいらせられ候也、本所・予御上候也、

禁裏夏御直衣調色して進ず久守慨嘆す

（15ウ）

一、禁裏（後土御門天皇）夏御直衣始御調色之、今日調進之、王イノイヨ〳〵」ツキタルヲミセラル、カ、百疋被出之也、曲事比興之事候也、

七日、天晴、辛亥、

勝仁親王石清水八幡宮御參詣

御裝束

供奉人數

言國供人數

一、親王（勝仁親王）御方今日八幡御參、路次御ハリ輿、下スタレ、御コシカキ御裝、御なおし・白御たちゐほし、御うらなし、山下キヌヤ殿御座候間、其御參候也、山上へ御まいりなし、神馬一疋、田中（生清）殿御宿坊也、公卿庭田大納言殿（雅行）・伯民部卿殿（白川忠富）、御コシ、殿上人本所・甘露寺殿（元長）御方・伯中將（白川資氏）殿、狩衣御太刀モチリ、極藏人（唐橋在數）・新藏人（西坊城長胤）各御馬也、本所御宿へ百疋被持之、彦兵衛（大澤重致）・式部方（坂田資治）、御小者、いや六・小四郎・竹阿ミ・岩法師・寅法師・いほ、宮御供、佐渡守・備後守・安禪寺殿（觀心尼）・ミ原、

飴粽公事錢

言國山科東庄下向

足利義政夫妻參內

昨年足利義尚邸に入る盜人を六條河原にて誅す

警固役人裝束

召次一人、

八日、晴、壬子、

一、二百文あめちまき公事錢、

一、大澤寺上洛、南としよりこめ一ふくろ、」

（16オ）一、さい今朝下、こしかき〻三百文、中間〻三百文、□〻〻百文、七百文ろせん、からひつ一か、

いほ・いや六下、ねりぬきはく□りすち、はくのかたひらこんちしろ、ほけんの小袖、百疋

□□□□□□□との、おひ三すち、三郎ひやうへ・二郎ゑもん□けひよりすく〻な

まつへ、」

○コノ間缺損、以下廿五日條ニカカル、

（16ウ）□　□は之北、三郎ひやうへ女あさい、〻□渡之、」

廿六日、天晴、庚午、

（17オ）一、本所今日東庄（山科大宅郷）へ御下、御供中書（頼久）・坂田方・彦三郎（重茂）持御太刀、御小者いほ下、

一、今日御參內之由候也、御台御哥・御連哥之由候也、

一、今朝五時賀茂もの去年（文明十二年十二月十一日）御方御所（足利義尚）御物取候者二人車のせ候て、一條町よりわたし、七條たう

ちやうひしり十念、所司代共〻七きけいこなり、すわうはかま、太刀おはく、も〻、くりあけ

斬首作法

あしなかおはき、馬ニのる、六條河原ニてきる、あニハきりそこない候て、二太刀ニいまたきれす候也、うらのあるしきかわしかす、かわくひのかたまへ候、にくのかわ、うらあをし、へりむらさきかわ、おと、ハし、のかわ、うらなし、けのかたおしかせ候也、これもしきやういんやうなり、二人きり候ときハ、 如此候、三のとき三人めハかわつかねしきと申、これハおしおりてかしらのかたしたへなし、うしろニ御やう三き候也、なかニきられ候お

斬手役人裝束

かやうニしく事もあり、きりてゐほし、上下、も、くりあけなり、かミ一かさねきられてニこれをいたし候也、四ニおりしく、すシおさき、 此かミにてくひおものこい候也、三日く

三日間梟首の代

ひの代とて一人十文宛、口々にて木竹もとる、」

（17ウ）

廿七日、天晴、辛未、

久守上洛

一、予京へ上候、彦三郎・中書同道候也、

一、くほた方へ予二十疋、彦兵衛二十疋持行、有酒之、

廿八日、雨下又天晴、壬申、

一、くほた方昨日礼、

大工來る

一、大工一人出來也、

廿九日、晴、甲（マヽ）酉、

一、御僧一人とき、大工一人今日はかり也、

一、今日くほた方出來候、予影《しゆさう》おかく、うとん・酒候也、豐筑後方、

一、かるへ方二十疋持來候也、

卅日、天晴、乙(マヽ)戌、

（18オ）

町代

一、まちの代七十文出之、

一、御ちの人さうし六までの出之、

大太鼓龍圖側は日孔雀圖側は月

一、大タイコニレ(龍)ウノアルカタハ日、此クシヤクハコシツテウ也、クシヤクノアルカタハ月也、イムヤウヲヘウス、

（18ウ）

文明十三年五月一日、雨、晴、乙亥、

一、かもん方出來也、

御供

一、御くう上之、

座敷の襖障子を張る

一、御座敷ふすましやうしはる、

二日、天晴、丙子、

一、かる方朝飯ニよひ候、

一、七百文このなわての月宛去年分、高野へさいそく遣之、

三日、天晴、丁丑、

東岩屋社參詣

一、東岩屋社今日參候、當月分也、

合力札

一、今日は、方合力ふた七十九とり、十四貫文、かい三貫文也、

珠光子來訪

一、しゆかう御子出來候、酒・ゆつけ、豐筑（統秋）後守殿、

一、くすたまのいと四つ、ミ出之、二つ、ミちけへ下候也、」

（19オ）

幕府作庭人山科七鄕に庭木を求む

一、五貫文、御庭者三人出來候、遣之、七鄕御庭のうへ木の事也、

一、五貫文一宮納、請取行、桶ふなすし十くれ候也、

四日、天晴、戊寅、

幕府大工棟梁黑木御用に來る

一、公方黑木御用とて、大工とうりやう此折帋持來候、明日之由申返候也、案文、

幕府奉行人奉書案

柴垣竹戸柱用材供出を命ぜらる

一、御柴垣竹戸柱、檜廿四本黑木也、注文在別帋之事、於山科鄕家領申付之、可被持進之由、被仰出候也、仍

執達如件

文明十三
五月三日　　　　英基（布施）在判

山科家雜掌

柴垣竹戸柱用材注文案

一、御しはかきのたけとの御はしらちうもん

松木

松木　なかさ一丈一尺

ふとさ一尺四寸　　四本

すへ　一尺二寸

（19ウ）

杉木

御しはかきのなかのはしら

杉木　なかさ六尺五寸

ふとさ六寸八分　　廿本

すへ　五寸四分

以　上

あくい太郎

文明十三
四月卅日　　　太郎《あくい》判

奉行裏判在之、

大塚郷勸修寺郷に用材割當

一、木大つかゝ十ほん、勸修寺六ほん、

五日、天晴、己卯、

幕府大工棟梁再來

一、公方御大工とうりやう、又一人、供二人出來、黑木の事也、朝飯くわせ候て、いや六そへ遣

之、

諸所より粽到來

一、ちまきくれ候もの、政所十、三郎ひやうへ、南ニ、いのもと、三位十、林ゑもん十、ちや二、大《ハヽ》郎さへもん、ちや三袋、きやうちまき、」

大澤家湯屋

(20オ)一、當所ゆやニてゆたき入まいらせ候也、

六日、晴、庚辰、

一、坂田(資友)方京へ被上也、

木幡大津往來筍賣商人内藏寮供御人になる

一、木幡より大津通竹子色〻うり候者十人、供御人なり候、今日ふたいたし候、其請ふミ、ふたのかきやう、

内藏寮供御人請文案

くられうのく御人事、

十人の商人役錢毎年五百文

右しさいハ木はたより大つへとおる十人のあき人の事、まいねん五百文進上可申、竹子一束、もしまつたけうり候ハヽ、あけ申候へく候、又やくせんふさた候ハヽ、いかやうの御さいそくニもあつかり候へく候、仍請ふミ如件

文明十三年五月　日

商人連署

すけ大郎判　すけすけ　ひこ三郎

大郎三郎　五郎太郎　おこ　おこの大郎
さへもん二郎　ゑもん三郎　大郎三郎」

供御人札書様

（20ウ）

フタノカキヤウ

内藏寮供御人
面　自木幡大津
通者すけ太郎

裏　文明十三年
判在之
五月　日

筍

一、今日代三百文、竹子一束出之、酒のませ候て歸し候也、

幕府奉行人連署奉書案
播磨國下揖保庄領家職を山科家に渡付遵行難澁を責む

一、山科家雜掌申、播州下揖保（揖保郡）庄領家職事、於在所者、雖渡付之遵行于今難澁云々、太不可然、所詮早任奉書之旨、可被調進之由被仰出候也、仍執達如件

文明十三
四月五日　（飯尾）清房判
（飯尾）元連判
赤松兵部（政則）少輔殿

播磨國下揖保庄代官職請文案
五箇年契約年五十貫文
土産
式部大輔持分
山田貞高
太一座頭

一、播州下揖保庄御代官職之事、五ケ年過候者、可爲本所之計候、其時一言之子細不可申候、五ケ年間者、於御公用者、毎年五拾貫文不法醂(懈)怠、可致進納候、無沙汰候者、堅預御催促候、長夫之事、毎年自二」(21オ)二(衍カ)月至十二月在之、土産アヲノリ五十把、鮎鮨桶五、ウルカ桶五、不致無沙汰可進納候、次御當知行式部大輔殿持分、爲此方自然御代官職之事申付、去年之未進等之事納候者、悉可致進納、更不可有無沙汰候也、仍狀如件

文明十二年十二月　日　　山田六郎左衛門尉
貞高判

大澤長門(久守)前司殿

七日、天晴、辛巳、

一、南洞院御出、太一座頭兩人、坂田方・掃部(重有)・中書(賴久)・難波殿御下候、御僧ヒシ、大澤寺・普門・養供・セイハン・テウ雲、中酒也、

一、かるへ方、代一貫文、布九タン、代二貫五百卅文也、」(21ウ)

八日、天晴、壬午、

一、御僧時、大澤寺二人・養供・普門・テウ雲・セイハン・師殿・西林庵ヲクル、座頭二人、南洞院御布施各卅文宛、太刀十疋、佛廿文宛、ゆをたく、中酒と各い、のあたまをはる、三郎兵衛・

二郎ゑもん、

木幡竹供御人舟事を申す

一、木幡竹うりたる一・ひたいめさかなニして南舟之事申之、今日五百文出之、

智阿彌年貢錢持上る

一、智阿ミ上候、於國六貫二百文請取此方へ、

九日、晴、癸未、

西林院を訪ふ

一、西林院柳一か・栗一盆・こんにやく十五ちやう持行、ひやむき・大酒候也、中書同道也、

一、さい方へ竹阿いもうと今日下、いほ十疋とらせ候也、栗下、

十日、天晴、甲申、

言國上洛

一、本所今日御上洛、御供掃部助持御太刀・中書・坂田方・御小者下、いや六・寅法師、

○コノ間缺損、以下廿日條ニカカル、

雜事下行

(22オ)

一、十疋是雜事下行、日記出之、」

廿一日、晴、乙未、

廿二日、曇、風、丙申、

竹賣供御人來る

一、竹うり又二郎・いや四郎出來候、木幡舟四そうと深草可返事之由候也、粟津折帋遣之、

竹運送舟

一、上岩タウヘノ御前御センクウ、今日禰宜殿沙汰、十疋下行也、

一、二條高橋出來候、十疋ふるま〔う脫カ〕、夕飯ニて酒也、

請文無きため大津東浦供御人の役錢を返す

東浦西浦

勝仁親王蹴鞠を行はせらる

言國俄に人數に加へらる

豊原統秋來る

筍到來

木幡竹供御人來る

一、やくいんとのへ御出、すミノ公事、酒まいらせ候也、

廿三日、曇、風、雨下、丁酉、

一、大津東浦供御人役錢とて、庭田殿より御使備後守五十疋持來候、返し申候也、其子細ハいまた大津請文なし、もとのことくにて候ハヽ、粟津へ可出候歟之由申之、來廿六日まてハまち可申之由御返事申候也、人數まし候間、過分候也、又ハ百姓等此方へ不出候間、旁〻くせ事也、東浦三百卅二文、西浦三百文、以上六百卅二文也、あわつニ如此申之、」(22ウ)

一、禁裏親王(勝仁親王)御方御鞠在之、本所御番候御人數ニ今日よりとて御まいり候也、俄〻衣冠マヽ也、各ハくすはかまなり、

廿四日、雨下、戊辰、

一、予つまかたな出來也、

一、豊筑後守出來候、夕飯在之、

廿五日、晴、己亥、

一、竹子三束、一郎ゑもん例年之也、二束本所參、一束私也、又三位一束くれ候也、則一宮所へ遣之、

一、木幡竹供御人やふすけ・四郎大郎介・くない出來候、こつかわの《に》竹舟つむ事伏見《深草》ハひさし

木津川竹舟につき深草供御人と争論
深草は年來の供御人
木幡は新參

き供御人、小〔木〕幡ハちかし、ふかくさの申事、むく入道色々申之、理運也、こはたハ色々申之、自先規つまぬときこへたり、やわたのもりたうの竹ハ去年の事、おくらのミやの竹ハくない二郎あんないをふかくさへ申之、とおし候也、」

(23オ)

廿六日、天晴、庚子、

一、安藝守出來候、又豐筑後守御樂在之、上四條殿御出候也、

木幡深草竹供御人争論條々

一、木幡竹申色々、深草よりちんし申之子細之事、

一、ひわの庄竹かい候てこわたへとる事、五條坊門東洞院ひやうへ存知之由申、これハ十六七年の御百姓候間、ちかき事也、

一、おくらのミやの竹二と、一亂以前之事也と申之、宮内二郎案内申也、ふかくさへ、

一、八幡のもりたうの竹、去年の事也、

一、上くらの大ふねニつむ之由候、これハこわたのむかいの間、日ニ〳〵つむとも不可申、いま申候からハこつかわの事也、

廿七日、天晴、夕立、辛丑、

蹴鞠の際の葛袴着用作法
今度左上り

一、今朝本所被仰候也、申色々、親王御鞠蔦(マヽ)はかま、御うしろこしさしやう、今度ひたりあかりニさゝる、宰相ふしん、山科家より沙汰候哉、御つほねより御出、伏見殿(邦高親王)ことし、これハつ

儲の君

ねの御はかまのことくニあるへし、我〻も此分伏見殿なとハもちろんひたりあかり、さりなから親王様」御おと丶いニて、御おと丶ハ左あかりなるへし、其もつねのニても又た丶左あかり猶よし、親王御方様ハまうけのきミのゆへなり、院の御はかま、色〻の事在之、た丶つねのことし、

（23ウ）

勝仁親王蹴鞠に薄以量高倉永繼も召さる

内侍所御神樂を仰せらる

一、此御鞠ニ薄（以量）殿めされ候ニゆきふれとて御座なし、庭上事ニてくるしからすま丶被參候、せんき候のよし在之、其次藤宰相（高倉永繼）殿重ふくにてもめされ候之由申之、ことに內侍所御神樂とやらん被仰候也、これハ御ふく所へ入候人〻ニも其心へ候也、藤宰相殿ニハ度〻のよし候也、

一、御はかま左あかりとハ、つねのはかまのこしの下かいおうへ候、あけてさす候也、ふしミとのなとハ如此候也、

勝仁親王明日御樂習禮

一、親王御方ニ明日御樂御習礼、本所御參候也、豐筑後守朝飯、

廿八日、雨下、壬寅、

高野月宛納入さる

一、高野月宛六百文今日納、請取不出候也、五百文地下へ下、米代、

兵衞太刀質置く

一、一貫文昨日ひやうへ太刀しちニおく、八百文、米五斗四升四合、」

○以下コノ月缺損、

〔六　月〕

○一―廿七日缺損、以下廿八日條ニカカル、

（24オ）

一、東庄（山科大宅郷）へあい卅うり下、いほ、

一、一貫二百文高野納、四月・五月分也、請取、此内三百文米、三百文もとのをかへし候也、七百文かり、二百廿文御はつかうの御こしかき、

高野月宛納入さる

一、西山進藤か、、海松・椏一くれ候也、今朝上候也、

一、今日東山六道庭ニて僧かまをぬりすへ、ゆおわかしにられ候、ちかころの人々久しゆなり、きとくとも候、又いたかとも候也、其間念佛也、

廿九日、天晴、壬申、

幕府等持寺法華八講を修すこの日言國布施取に參列勸修寺教秀より衣服出さる

一、等持寺御八講御布施取ニ今日本所（山科言國）御參候、御裝束ニ帯候、武家傳奏勸修寺殿（教秀）より御袍《ハウ》・裾下カサネ・大帷・袖單被出候、表袴ハ此方之也、今度御はつかうニ五人分新調也、本所ハ御輿、々カキ二百廿文、隨身一人ハラクツ物廿文、雜色地下より上候、七郎さへもん・野村一人笠持ニなる、いほ・彦兵衛（大澤重致）・坂田方（資友）ハて、公方御礼ニ御參、初參候、人ハ僧・サイケ、御太刀金被進候也、藤宰相殿（高倉永康）御方、寺家御シルウト候て、本所御供衆有酒也之由也、今日花山（政長）

花山院政長供卑怯事多し

木幡竹供御人竹舟運航を申出づ

町代

法事と法會の相違

柴一年五箇度納入

院御供カイヲリ侍一人馬ニノル、ヒケウ事ヲ、シ、一〻馬ニノリサキヘ小者ハシラセ候、
太刀持モナシ、クツハカス、猶〻色〻在之、
(24ウ)
一、二郎ゑもん・三郎ひやうへ上候、木幡竹うりの事申之、うりニて酒のませ、御返事舟マツト」
リ候ハんするほと、とおし候ハんするよし申、もし申方あらハ可申之由候也、其子細ハ猶
カイニ申之間、如此候也、
廿日、天晴、癸酉、
一、南洞院御榼壹・ウリ彦兵衛方へ、本所ヘカラナツトウ袋壹・ウリ・榼壹、本所面〻へ、
一、東庄よりちくさ上候也、これにてわにさせ候て被用也、はらいハくまか、
一、六十文まちの代、
一、今夕これにて御いわゐ候也、御番にていそかれ候也、
一、法事《ホウシ》法會トユウ事、法事トユウハホウシマテ、法會トハカクニテモ、又ハ何ニテモ二三物
アルコトヲ法會ト申也、キヲンノ會ハ色〻ワタリ物在之、
一、しは出之、きたとの、分一年ニ五と、正月十四日、五月五日、六月廿日、七月七日、十二月、又これへしは
すニ三郎ひやうへ一か、政所一か、彦七一か、
正月十四日さつきうちやう、なかこめ一か、

きたとの、ハ二かつ、五ケ度ニ、

文明十三年七月一日、天晴、甲戌、

（25オ）

御供

一、東庄（山科大宅郷）より御供上候、二前、さい方よりさいミ、かたひら一上候、則着之、目出度也、

一、西川殿（房任）南洞院朝飯、式部方（資友）南洞院榧一・うり給也、

深草竹供御人來る
木幡舟事

一、深草竹うり礼ニ一貫文持來候、酒のませ候、木幡舟之事ニつき候てふるまう、二百文とうろニ下行、百文さうし、

二日、天晴、乙亥、

古川南口月宛錢納む

一、古川より五百文納候也、予返事也、

一、日野町殿茶十袋持參候也、御見參也、飯尾三郎左衛門（爲修）方へ行、甘露寺殿（親長）參也、南洞院御入寺也、

京極政經より出雲國內山科家領につき返答あり

一、今日雲州御領共事ニ京極殿（政經）より御返事也、

三日、天晴、丙子、

（25ウ）

一、四手□三郎出來候、うりくわせ候也、

四日、天晴、丁丑、

小五月會

一、寺家殿明日小五月會候、爲中方計是手綱腹入之由候間下、

久守山科東庄下向

一、予東庄下、中書(頼久)・彦三郎(重茂)同道也、

東岩屋社參詣

一、三位子あね、たる一・かうのものくれ候也、東岩屋殿予參社候也、

五日、天晴、戊寅、

苦竹
盆山石
緋鯉

一、石法師にか竹・盆山石・ひこい二上候也、

一、五十文いはやとのへ七日御くうさうめんの代下行、

七日供御料

一、百文法住寺殿下行、七日供御料、

六日、天晴、夕雨下、己卯、

一、七郎さへもんゆを出之、くし也、

妙藏寺

一、今朝妙藏寺へ以前礼ニ行、柳一荷、うり廿・こふ五ハ、對面酒候也、今夕彼坊主茶廿袋礼と
て持來候也、」

○コノ間缺損、以下廿日條ニカカルカ、

幕府奉行人奉書案
立花の心毎月一度執進を仰出さる

(26オ)

御立花之心事、松者無御用候、其外何木にても候へ、毎月一兩度於山科可被執進之由、被仰
出候、恐々謹言

七月廿日　英基（布施）判

○コノ間缺損アリ、

（26ウ）廿六日、天晴、己亥、

（27オ）一、今夕今上御母儀（大炊御門信子）女院号宣下、上卿西園寺殿（實遠）、中御門殿（宣胤）・」三條西殿（實隆）・町殿（廣光）・花山院殿（政長）　姉小路（基綱）殿・小倉殿（季興）、予花山院御裝束、衞門ニ參候也、太刀金持參也、久我殿（通博）太政大臣之陣、次ニ御成也、今朝本所東庄御下、御供掃部助（重有）持御太刀、中書（頼久）・坂田方（資友）・彦二郎（重敏）、今夕各被上候也、いほ・御小者、

一、御方御所（勝仁親王）御笙始事、去二月十七日、于時傳奏勸修寺大納言殿（教秀）、豐筑後守（統秋）ニ被仰出候也、雅樂頭（豐原緣秋）御師範事雖被申、無御成敗候也、今日來月廿三日吉日之由候間、御方御所ニ參、筑後守御申次、上野殿ニて御したため、御笙申出、小笙トコレヲ書、本所ニて宗勝多久入道とつけ、はなし、つけなをししためられ候也、今日出來候へとも、明後日廿八日可持參之由被申定候也、是ニて夕飯在之、嘉樂門院女院號、

廿七日、晴、夕立、庚子、

一、ミのゝ久徳鄉政所ニ十疋もちきたる、酒いゝにてかへし候也、

一、今日近衞殿より西洞院ニて本所近衞御地共被定候間、大工予□出候處、此方御地御文書、

後土御門天皇御生母院號宣下
參列の公卿

言國山科東庄下向

勝仁親王御笙始の時に雅樂頭成敗なし

小笙

女院號は嘉樂門院

美濃國久徳鄉政所來る

山科家領近衞町丈量

院宣差坪を持出す
指圖に見ゆ
太一座頭
豊原統秋來る
小笙に竹の名書く
小笙進上作法
合竹の様
十合竹
乞合竹
一合竹
凡合竹

院宣サシツホ持出候、近衛殿よりハ實圓子《シチエン》近衛御大工一人被出候、四十丈よほうニ、うちまわして、のち南北」十一丈、東西十丈、其殘此方南北十八丈分、北ハぬし上洛なく候とて、まつ□かれ候也、きたのうゐんかちきやうなり、さしつニミへ候也、

（27ウ）

廿八日、天晴、辛丑、

一、太一座頭朝飯くう、

一、今朝筑後守出來、朝飯以後、小笙ニ竹の名おうすやうニかき、おさるくわんよりかねの一寸はかり在之、七行ニノ竹ノハかミへあけておす、小笙御袋ニ入候て出之、進上之時者ふゐつゝらのふたニ入候也、

一、合竹のやうかきて進上候也、引合一枚ニ、

合竹

十合竹 下八七 行上　　乞合竹 千乙八 七行

一合竹 千乙七 行凡　　凡合竹 千乙八 七行

一合竹 乙美七 行凡」

（28オ）

萬歳樂 引合一枚ニ如此カキ、合竹ノ物ト二通押合、ウヘヲマキテ進上之也、當日ニ御手つかいニ口傳在之、竹ヲ一ヲシハツス欤、

十十|乞り（朱線）　十一り　凡|エ（朱線）　一り

勝仁親王豊原統秋を召し諸家笛御覽を仰せらる　猿笛　短笛

山科家所藏の笛を御覽に入る

伏見竹供御人

上町代

合力

炭を購ふ

干鯛

一、筑後守又御方御所へ被召、諸家の器共可被御覽之由候也、此方ニも可進之由候也、

猿笛《エンテキ》　短笛《タンテキ》　尺八ノカラナ

コレハサルノヒチ一尺八寸ノモノ也、

廿九日、天晴、壬寅、

一、東庄より本所御器兩管上候、糸巻キンノ袋ニ入、面アヲ地裏白地、鳳凰コンチノキンランノ袋、裏アサキノキンラン也、御ふゑつゝらニ入之、御方御所筑後守持被參候也、御覽候、則□御覽歸給候也、

(28ウ)

一、百文ふしみの竹うり、

一、六十文まち上のはかり、

一、今日合力五百文遣之、竹阿ふた七十六まい候、取十四貫五百文也、はや六貫かけ候也、

一、すミ二か、代一百七十文かう、河嶋にて一か地下へ下申之、

一、ひこ二郎ひたい五まいくれ候也、

大智發《ハ》レ自レ心《シン》　於《ヲイテ》レ心《シンニ》何處尋《イツレノトコロカタツネン》

成《シヤウ》就《スレハ》一切義《ノヲ》　無《ナク》レ古《イニシヘモ》亦《マタ》無《ナシ》レ今《イマモ》

〔八　月〕

○コノ間缺損、以下十一日條ニカカル、

上候也、則智阿ミ又上候也、

十二日、晴、夕雨下、甲寅、

（29オ）

木蘭

一、今朝難波殿上洛候也、法住寺殿十疋上、昨日弥九郎ゑもん木棟〔蘭〕一はちくれ候也、禁裏五十、廿竹若、十難波殿、殘ハ各〻まいらせ候也、

山科七郷寄合槇島と木幡闘争の事

一、七郷よりあい、當所之おとな道林所ニ、まきのしまとこわたのゆミやかたらいの事也、北御公方御たてはなの事申之、

十三日、天晴、乙卯、

一、貳貫文一宮請取出之、

徳政壁書案

一、去年徳政ヘキ書案文、

條〻 文明十參・七・十

借錢事

（29ウ）

一、諸借錢事

德政禁制之上者、爲錢主以五分一、致進納、任借書之旨、可令催促之由、去年十二月二日被差日限、被定置御法之處、構自由不申給奉書之間、其科不輕、雖然寛宥之儀」來廿七日

以前可改其沙汰、若猶有遲怠之輩、可被付借主、云錢主、云借主、令與同不帶御下知可被

處罪科焉、

借米事

一、借米事

子細同前、

本物返地同舍屋事

一、本物返地同舍屋事

同〻――

年季沽却地事

一、年記(マヽ)沽却地事

同〻――

質券地事

一、質券之地事

同〻――

右於此外者、惣別之儀、禁遏之條、具不及被書載之、有違犯之族者、可被加嚴科矣

十四日、晴、丙辰、

川關のことにつき槇島と木幡闘争あり山科七郷郷民兩方へ拔駈す

一、今日宇治まき嶋與木幡弓矢、川せきの事也、今日ハまきのかち、川せきのき候、人一人小は

たの者しに候也、七郷兩方へぬけかけ候也、

幕府奉行人連署奉書案
出雲國内山科家領の守護被官人押領停止を命ず

(30オ)
一、今夕御僧ひし二人、坂田方(資友)・智阿ミ下、
一、雲州御奉書共案文、折帋也、
一、山科家領出雲國富郷・鳥屋郷幷千家郷・遙勘郷・石塚郷等事、被官人三澤・下河原以下之輩令押領云々、事實者太不可然、所詮早任當知行之旨、沙汰居本所雜掌、可被全所務、若猶有遲怠者、可爲許容被(マヽ)人以下押領人上者、一段可有御成敗之由被仰出候也、仍執達如件

文明十三
八月十二日　(飯尾)清房在判
清泉(貞秀)常通在判
(京極政經)佐々木治部少輔殿

幕府奉行人連署奉書案

一、山科家領出雲國所々注文在別帋事、守護被官人以下令押領云々、事實者以外次第也、所詮早任奉書之旨、退非分押妨、沙汰居本所雜掌、可被全所務之由被仰出候也、仍執達如件

同日　同
佐波兵部少輔殿　同

佐波兵部少輔

幕府奉行人連署奉書案

(30ウ)
一、山科家領雲州所々注文在別帋事、過半被押領云々、如何様事候哉、太不可然、所詮早止競望、速可

被渡付、若猶有遲怠者、一段可有御成敗之由、被仰出候也、仍――

同日　同

三澤左京亮

三澤左京亮殿　同

幕府奉行人連署奉書案
押領輩を退くべし

一、山科家領出雲國富鄉・鳥屋鄉并千家鄉・遙勘鄉・石塚鄉等事、守護被官人以下之輩、令押領云ゝ、事實者以外次第也、所詮早退方ゝ押領族、沙汰居本所雜掌、年貢諸公事以下、如元ゝ嚴密可致其沙汰、若猶許容彼等、令難澁者可被處罪科之由、被仰出候也、仍――

同日　同

名主百姓中

當鄉所ゝ名主百姓中　同

幕府奉行人連署奉書案

一、山科家領出雲國富鄉事押領云ゝ、事實者太不可然、所詮早停止競望、沙汰居本所雜掌可被全（31オ）所務、」若猶無承引者、一段可有御成敗之由、被仰出候也、仍――

同日　同

下河原宗兵衛尉

下河原宗兵衛尉殿　同

佛靈供

□□□（十五日）、□（天）晴、丁巳、

［　　　　　　］□（布）施二十文宛、佛靈供十文宛［　　　　　　］

○コノ間缺損、以下十九日條ニカカル、

樂人

（31ウ）［　　　　］今日者御出候也、樂人同［　　　　］にて伯殿（白川忠富）計無御出之、

廿日、天晴、夕雨下、壬戌、

一、さう田ないけんはく、

久守山科東庄下向

一、予東庄下、南洞院同道申之、朝飯此方にてくう、

（32オ）

廿一日、天晴、癸亥、

槇島郷より合戰加勢を頼む

一、まきのしま就弓矢在狀之、七郷かたらいの事、

久守山科七郷おとなを招く

郷中紛争を裁定せんとす

一、今日七郷おとな共よひ候、其子細者大塚郷六七郷より今日野村与東野あつけ候、とりかへし候ハんする事也、郷中より申、無承引間申候、內〻進藤申之、予ちう人のふん申之、進藤かゝ・淨垂・おとハのかすへ・花山のむく・つしの四手井入道・當所おとな・なきつしの兵衛・四宮すけ入道、入麥・さかな・酒在之、各無子細、雖然奥屋もの一はし、ほん所へ可申、はや此子細申之由候也、

言國山科下向

一、今夕本所（山科言國）御下向候也、御供かもん（重有）御太刀・坂田方・中書（頼久）・竹岩・いほ、彦三郎（重茂）今日上也、

廿二日、晴、過夜雨降又小雨下、甲子、

一、元三代官いや六まいらせ候也、

金藏坊巡禮

一、金藏坊巡礼とて出來候、三人也、

近江國菅浦庄より小麥到來

（32ウ）

一、（近江國淺井郡）すかのうらのこむき、はまのひこ二郎入道所へつく、そうさいゝ廿八まい在之、代ゝ一貫九百文はかり歟、

廿三日、雨下、乙丑、

乳人

一、御ちの人昨日より出京、今日御歸候也、

幕府奉行人連署奉書案

播磨國下揖保庄領家職代官職違亂

一、（播磨國揖保郡）下揖保御奉書出候、此間無爲所、式部少輔不被渡候間、如此申候、案文、

一、山科家領播州下揖保庄領家職事、任御成敗之旨、渡付無相違之處、號代官職及違亂云ゝ、如何樣事候哉、以外次第也、所詮早止競望、可被全本所雜掌所務、若猶有遲怠者、可有異沙汰候也、仍執達如件、

文明十三

八月廿一日

（飯尾）清房判

（飯尾）元連判

（宛名脱カ）

幕府奉行人連署奉書案

宇野式部大輔代官職と號す

(33オ)

一、山科家領播州下揖保庄領家職事、任御成敗之旨、被渡付候處、一家人宇野式部大輔號代官職及違亂云〻、事實者以外次第也、所詮早退其妨、可被沙汰居本所雜掌、不可有遲怠候由、被仰出候也、仍────

文明十三
八月廿一日　清房判
元連判

赤松兵部少輔殿(政則)

赤松政則

廿四日、晴、丙寅、

一、金藏坊三人今朝被出候也、

一、かもん方いや六上候也、

薑賣商人に商賣札を出す

三枚

一、はしかミうり三人、ふた三出之、貳百文可出之由候也、うけふミつかまつり候也、予一判、

宇治ひこ三郎　五ケすけ三郎　木幡すけ

(33ウ)

廿五日、天晴、丁卯、

一、代五百文かる、りなしニ、

一、高水寺事人夫事御奉書、ゑんかんそ(監寺)つかい、

幕府奉行人奉書案
高水寺は日野富子建立
山科七郷に普請人足百人を課す

一、山科高水寺事、爲上様（日野富子）御建立之間、地形普請之儀、已前被仰之處、遲々不可然、以人足百人
爲家領分、來廿九日以前、可被致其沙汰之由被仰出候、恐々謹言
八月廿四日　英基（布施）判
山科家雜掌

大澤重致等京山科を往還す

廿六日、天晴、戊辰、
一、彥兵衞・刑部方・彥三郎被下、又今夕被上候也、
一、今朝御僧大澤寺テウ、ン・セイハン・普門庵・南洞院各廿文、佛リヤウク、政所三郎兵衞、ゆ
おたく、女中御入候也、」

豐原縁秋等朔日祝に参る
御供

文明十三　九月一日、朝晴、自晝雨下、癸酉、
（34オ）
一、今朝寺家殿御メシニ御出候也、
一、雅樂頭（豐原縁秋）・櫻井・彥二郎（重敏）・豐筑後守（統秋）爲御礼出來候也、
一、御くう上候也、

二日、過夜大雨、天晴、甲戌、

山科家北増築家渡り

一、北の遍屋今日つくり候、今夕やわたり、大工二十疋取之、

古川南口月宛銭納む

一、五百文ふるかわより公用、八月分也、

三日、晴、乙亥、

御乳人上洛御料人小袖を染む

一、御ちの人御上候、御料人御小袖百卅文にてそめられ候也、

一、なまつへよりはくさいな一か・あいのすし・あらまき二・かや一ふくろくれ候也、つかい十疋、明日下、

花山院政長山科家を訪ふ

諸大夫

（34ウ）

一、花山院（政長）今夕本所（山科言國）へ御出候也、柳一荷・ふの折一合・ひたい」五まい被持候、西川殿（房任）三こん、入むき候、諸大夫あなたの被召供御つかい候也、大酒也、

四日、天晴、丙子、

一、寺家殿あさい、、御小者、

一、今日北のへ屋各出來候也、

一、東庄（山科大宅郷）より代五百文上候、なんはとのへ一貫文ニ先返候也、

藤堂筑後守

一、藤堂筑後守朝飯候也、

五日、晴、丁丑、

大原
一、大原へ中書（頼久）、いほつれ候て被行候也、
一、五百文なんはとのへ返し申、殘五百文候也、

○コノ間缺損、以下十八日條ニカカル、

十九日、雨下、辛卯、

松茸到來
（35オ）一、京より松茸三十本、西林庵七本給之、

松茸汁
一、今朝大澤寺・普門庵・三位・三郎兵衛、松茸汁・飯候也、

高水寺普請人足禮あり
一、高水寺より有使候、今度人足事礼候也、

廿日、晴、壬辰、

茹栗
一、大澤寺よりゆて栗一器給也、

勝仁親王御樂
一、親王（勝仁親王）御方御樂、本所御參候也、御番候也、

里賣公事錢
一、いや六下、百五十文、公事錢、京へ五百文出之、さとうり、
一、三位・普門栗かこ六、ひけこ二沙汰候也、

廿一日、晴、癸巳、

言國山科東庄下向
（35ウ）一、本所御下向候也、東庄へ、御供坂田さへもん・中書持御太刀・智阿ミ・竹若・いほ、今日米上候、

松茸
一駄と又いほ、彦兵衛（大澤重致）松茸十本くれ候也、竹若・智阿ミ・寅法師今夕上候也、

山科東庄年貢栗納入さる

廿二日、晴、甲午、

一、東庄栗御年貢納候也、

三斗九升五合《はやしとの》　三郎ひやうへ

此内一斗五升本所へまいる

一斗三升　いや九郎ゑもん

此内五升本所

三升　へんついとの西又二郎

二斗《きたとの、分》　せいはん

○以下コノ月缺損、

二斗二升《大たけむら》　二郎ゑもん

此内一斗五升本所まいる

七升　大ミねせんそう

二斗　七郎さへもん《きたとの、ふん、此内一斗いけ方也、》　しんくうはやし

〔十　月〕

○月初メ缺損アリ、以下二日條ニカカル、

高水寺人夫人数注文

（36オ）

高水寺人夫事

五十二人十二日出之、　三十六人十五日出之、　三十六人十六日出之、　二十一人十七日出之、

十五人十八日出之、

以上百六十人

野村・西山・南(栂、以下同)木辻相殘分也、

三日、天晴、甲辰、

幕府奉行人連署奉書案

一、高水寺七郷人夫事ニ成御奉書、今日出之、案文、

山科七郷に高水寺普請人足二百人を課す

野村西山栂辻三郷命に従はず

一、高水寺普請事、爲山科七郷以貳百人可致其沙汰旨、被申請之間、雖爲最勘略之儀、就懇望被

仰付之處、野村・西山・南木辻難澁云々、太無謂、不日堅可被申付之由候也、仍執達如件

文明十三

十月三日　(布施)英基在判

(松田)貞康在判

山科家雜掌

(36ウ)

一、竹阿ミ上候、色々申付之、

一、南より三郎兵衛兩所よりゆてまめくれ候也、

朽木聽竹庵

一、朽木聽竹庵よりなめすゝき一籠給之、今夕汁、大澤寺・普門庵酒候也、本所きこしめし候也、

一、石法師下、

四日、天晴、乙巳、

揖保勘忍料

一、四百文いほかんにん料出之、二百文《五十文よし》さうし、

山科野村郷に昨日幕府奉行人奉書を傳達

一、今日野村昨日御奉書付候也、

岩屋社参詣

一、今朝岩屋御參候、元三石法師代官ニまいらせ候也、當月分すむ也、

一、此方つくりそいのとい、四百五十文かい候也、

五日、雨下、丙午、

（37オ）

山科東庄内検

一、今朝彦兵衞・覃藏主・彦三郎（重茂）・難波殿・いや六・藤波・小者一人下、東庄（山科大宅郷）内検也、如例ゆ候也、

本所（山科言國）たいはかり、今夕今朝京衆被上候也、今夕京衆上候ゆニいらす也、

六日、雨下、丁未、

山門神藏寺に後白川院御墓あり

一、山門神藏寺《シンセウシ》ニ後白川院御はか在之、上の松中ニ候由被申候、

しんさうしにてふちのはおあへ物にて、きこしめしてかく、

後白河院御製

むらさきの色こそあらめふちのはな

あをはもあへてめつらしきかな
　　ゝゝゝゝおとらさりけり

後白川院御製

七日、雨下、戊申、

大般若會勸進

一、大般若勸進出之、

八日、晴、己酉、

一、そちとのへ御とき、」

（37ウ）

九日、晴、夕曇、庚戌、

一、石法師下、

一、いはまつ大夫殿御返事持來候、とめ候也、

十日、天晴、辛亥、

播餅

一、かいもちい候、京へも酒・かいもちい五十きれ上候、中書（頼久）被上也、地下人〻大澤寺二人・普門庵・セイハン・三位・ヤウセイ・二郎ゑもん・二郎三郎・二郎九郎・彦五郎・又二郎・さへもん九郎・兵衛九郎・中務・大郎さへもん・とら千代・七郎さへもん・彦大郎・三郎ひやうへ・いや《野口》四郎・弥二郎・西林庵一はち、桂正庵一はち、政所、南へ、三郎ひやうへ所へ、あつきの代百文、米納ニ四斗二升、」

（38オ）

十一日、晴、壬子、

大澤重致女子誕生産所

一、今夕六時、彦兵衛尉女子ヲマウク、産所ハ室町のせとの小屋也、

十二日、自晝過雨下、癸丑、

十三日、晴、甲寅、　御念佛如例候也、

山科東庄年貢収納

一、今日於東庄政所にて收納在之、いほ百五十文、いも下用ニ五斗、大こん五十文、五十ハ、かつほ一ふし、たうふ五文、三と入五文、からさけ五尺三百文、こふ十文、ここそ百文、酒下用一石二斗、

久守詠歌

九月盡鐘
おしめとも秋乃ゆふへのけふそはや
いりあひのかねにつきてゆくらん

十四日、天晴、乙卯、

（38ウ）

小大夫殿

一、小大夫殿御經御まいり、
月そく、ねうしの時、
十五日、晴、丙辰、

月蝕

北野社萬部經會結願
足利義政參詣

一、北野御經今日まて、御成候也、

すかのうら（近江國淺井郡）の小麥事、
合一石八はいそうさいニ、
うりたて以上一貫八百九十五文也、
文明十三年九月廿八日　ひこ二郎判

十六日、天晴、丁巳、

湯に入る

一、當所湯在之、本所・予各入之、

一、弥六下、代五百文出之、

十七日、晴、曇、戊午、

木代下行

一、木代六百文之内五百文、百文未出之也、又百文いや五郎ニ下行、又わかさ代十五文、」

(39オ)

山科家へ餅酒を送上す

一、京へもちい八十・たる一、うちより竹阿上候、かもん上候也、

十八日、天晴、己未、

山科野村郷段銭催促は先規なし

一、野村ヨリ段銭さいそく、無先規之由申之、

十九日、天晴、庚申、

忩氣飲調合

一、忩氣飲調合候也、

一、京へ柴一荷上之、御ちの人御上洛也、

廿日、天晴、辛酉、

一、ケイリウ京へ上也、

青蓮院門跡雑掌と所司代浦上則宗山科花山郷年貢争論

一、花山ニテ青蓮院御門跡雑掌ト所司代(浦上則宗)ミト花山年貢相論候也、花山シチニ入、先チヤウナカサル、其子細ニヨリテ也、年貢ツミテ兩方人メシイタシ、リウンニマカセトルヘキヨシ候

山科七郷郷民廣大路に寄合

也、所司代之」者不出也、青蓮院代タケ一取之、七郷ニモヒロヲウチニヨリアイシテ、兩方之儀ヲミ候也、

廿一日、壬戌、天晴、

足利義政長谷聖護院に赴く諸人これを知らず

（39ウ）

一、過夜四時分、公方（足利義政）御所長谷聖護院殿御成候也、何としらす候也、曲事也、人々無存知候、御供も無之、

廿二日、癸亥、天晴、

深草郷刀禰菱餅持來る

一、深草（山城國紀伊郡）トネヒシノモチ一躰〔鉢〕持來也、東庄納枡三斗出之、

一、御いわゐそと候也、大澤寺・てううん・ふもん・けいりう出來也、

一、勸修寺兵部卿出來也、酒候也、中務少輔下向候也、

廿三日、甲子、曇、晝後雨下、

一、坂田方（資友）同小者・竹岩・石法師下、以上三人、」

○コノ間缺損、以下廿九日條ニカカル、

鳥羽田年貢米納入さる

（40オ）

一、昨日鳥羽（山城國紀伊郡）米納、坂田方散用狀在之、案文、

鳥羽田年貢米散用狀

河成

鳥羽六段半田地之內、壹段近年河成、殘五反半御年貢米事、

合四石六斗七升五合者　一反別八斗五升代、

下司給
倉付

五斗　下司給　　三斗五升　倉付

損免

貳斗八升　損免

殘參石五斗四升五合

百姓酒下行

三斗五升四合十分一　　貳斗五升　御百姓酒下行、

定殘貳石九斗四升壹合

貢米配分

五斗　上様　　五斗　下との　　五斗　彦二郎　　五斗　竹若

三斗　刑部方　　三斗　掃部方　　三斗　式部丞　　四升一合未進

以　上

文明十三年十月廿八日　　　資友判

一、今夕なんはとの・いや六下、

(40ウ)

卅日、天晴、辛未、

一、いや六上候也、

山科七鄕鄕民寄合

一、七鄕寄逢在之、

（41オ）

文明十三　十一　一日、天晴、壬申、

一、礼ニ出來候方々、大澤寺・普門庵・せいハン・ケイリウ・二郎ゑもん・三郎兵衛・又次郎、各酒在之、

供御

一、御宮より御供二前、今日、又今日新宮殿御ホタキ、御供四前、

一、京より石法師下、昨夕智阿ミ上候由候也、刑部殿此方より上洛候也、

二日、天晴、癸酉、

一、京へ御供三前、一前ハ朔日、二前ホタキノ也、

三日、天晴、甲戌、

一、永壽院巻數二十疋持來候也、

久守上洛

一、予京へ上洛、かもん（重有）・いや五郎・又二郎、人夫一人、棰壹、

言國長谷に足利義政を訪ふ

一、本所長谷へ御參候也、御こし、御供彦兵衛（大澤重致）・彦三郎（重茂）・坂田方（資友）・彦二郎（重敏）・竹岩・いほ・いや六・い

（41ウ）

わ・いし・とら、」御返ニ御臺様（日野富子）・御方御所（足利義尚）・南御所・入江殿・三寶院（義覺）御參候也、各如此候也、正護院殿、

四日、晴、乙亥、
一、永壽院三十疋持行、明日故永壽院十三年忌也、
一、いちミや所行、
一、今日智阿ミ拾三貫文出之、各下行、智阿ミカ秘計三貫文代利平返し、本錢壹貫五百文なし候也、

五日、天晴、丙子、

丹波屋

一、丹波屋栗代官十疋持來候也、

火鉢供御人禁裏へ火鉢進上同じく火鉢公事多きを嘆く

一、御ひはちうり、御ひはち一禁裏進上候也、雖然方〻御公事とられ候在所おほく、今日めいわくのよし申、如此注進候也、」(42オ)

火鉢供御人申状案

公事減免を願ふ

京ニて御くしおほせ事候、御かた〳〵の事、あまりに〳〵めいわくにて候、かミとして被仰候て、御つかいおたてられ、せめてすこしいたし候やうに候ハヽ、かしこまり入て候、

近衛殿

一、このへとの、内、竹や殿へひはち廿四可被召之由候、
一、同うちちくこ殿へひはち廿四可被召之由也、

一、同うち大へつたう方ひはち廿四可被召之由也、
一、同うち小へつたう方ひはち廿四可被召之由也、

二條殿

一、二條殿ふろひはち〻四可被召之由候也、

西坊城殿

一、西坊しやう殿ふろひはち〻二可被召之由候、

遠嶋殿

一、遠嶋殿ふろひはち〻二、料足五百文、

中山殿

一、中山殿ひはち十六、
一、うりうとの、

以　上」

(42ウ)

一、ほうわうの御器にあたらしきしたをたつ、宗勝沙汰候也、

大澤重致妻産所の垣をはづす

一、かもん方・いや六ちけへくたる、
一、今日晝、産所之かきをとる、いわゐ候也、

六日、天晴、丁丑、

後土御門天皇女房奉書をもつて泉涌寺勸修寺門跡領をそれぞれに返付することを仰せらる

一、禁裏泉涌寺・勸修寺門跡領事可返之由、女房奉書被出候也、河嶋郷事〻伊勢(貞陸)兵庫助又奉書持來候、使松平なり、近比比興を被申之由候也、

山科家禁裏へ返事を出す

七日、天晴、戊寅、

一、禁裏今日昨日勸修寺事、泉涌寺事御返事候也、

山科家月次歌會

一、本所御月次歌、予、

久守詠歌

うつミ火

うはたまのよるのふすまのさゆるにハ又かきおこすうつミ火のもの

(43オ)

八日、天晴、己卯、

一、百文雜事、京の下行、予かり、

智阿彌播磨國都多庄備前國居都庄備中國呰部庄下向

一、智阿ミ、ツタ(都多)・コツ(居都)・アサイ(呰部)へ下狀遣之、路錢無下行之、

赤松家老臣連署渡狀案

播磨國下揖保庄領家職山科家に還補さる

一、下揖保庄(播磨國揖保郡)半濟渡狀案文、

山科殿家領播州下揖保領家職事、任御理〔還〕補之旨、家領不可有相違之由候也、仍執達如件

文明十三
十月廿日　櫛橋 則伊在判
阿閇 重能在判
馬場 則家在判

山科殿雜掌

一、今日うちの火ひとつゝ仕候也、

河嶋鄉につき勸修寺教秀狀を伊勢貞宗に遣はす

一、長谷勢州(伊勢貞宗)へ河嶋鄉事ニ勸修寺殿(教秀)御狀被遣候也、

九日、天晴、庚辰、

禁裏へ火鉢獻上

一、禁裏御ひはち一まいらせ候也、

河嶋鄉正永入道上洛

一、河嶋鄉しやうゑい入道上洛、大郎、源三郎、

(43ウ)

雲州御領天德庵遵行

一、天德庵雲州御領三ヶ所御遵行之由候也、千家・鳥屋・富鄉也、

織手井上新左衛門萬里小路家公事を懸く

御綾織手

一、おりてのいのうへ新さへもん、までのこうちとの、御公事を御綾織手かくへき之由候也、

其在所、

四人の在所を注進

一人　あやのこうちまち、むろまちとの間、きたのつらなか、

一人　四條のはうもんまち、にしのつら、ふかミ、

一人　五條のはうもんまち、にしのとういん、ひんかしのつら、つるたニ、

兄部

一人　五てうのはうもんまち、ひんかしのつら、このかうへ、

織手堺へ下る

以上四人、此外一らんいせんハ十人、人々ハミなさかいへくたり候、のほり候ハゝ、

かさねて申上候へく候、

十日、晴、辛巳、

一、いや九郎上候也、

言國勝仁親王に家領支證文書を御覽に入る

一、本所御番御參候、勸修寺門跡東庄散在之事無理被申候、宮(勝仁親王)御方色〻事、本所被仰候間、今夕
此方支證等被懸」御目候、猶曲事之由候也、

（44オ）

古川關公用錢納入さる

一、古川公用五百文、去月分今日納之、
十一日、天晴、過夜雨下、壬午、

山科定言腹痛

一、掃部方東庄へ下、御料人(山科定言)御腹氣之由也、

岩屋社昨日火焚

一、昨日ミノ日岩屋殿御ホタキ、御供四前、一前あなたの御留守へ殘上候、
十二日、天晴、癸未、
一、法住寺殿十疋下行、去月下行九月九日、十二日、二十疋未進候也、

勸修寺教秀山科家領河嶋鄕につき伊勢貞宗に再び書狀を遣はす

一、勸修寺殿より又勢州へ河嶋事被遣狀之、御返事ハ自是可申之由候也、弥九郎上候、かもん
上候、けいりう上候也、

勝仁親王に火鉢獻上

一、親王御方へ御ひはち一まいる也、ひはちなか山殿事めやすのやう、

火鉢供御人等目安案

火鉢供御人等畏申上候、

中山家へ火鉢出す事供御人存知なし

右中山殿へ御ひはち十六めされ候へきよし被仰候、これハさらにくこ人存知なき事候、其

奈良火鉢賣たつみ殿被官にて供御人を兼ぬる者の所爲

（44ウ）

子細はなんとにたつミ殿申人つくりニつき候て、」かい進上候よしうけ給およひ候、さ候間、くこ人の中ニふち大郎と申候者、たつミとの、ひくわんニて、一たんとりつき申候につき候て、如此くこ人ニ御かゝり候、めいわくニて候、さいわゐたつミ殿御存知の事ニて

たつみ殿存知

候間、中山殿より彼はうへ御とゝけ候ハヽ、たつミ殿よりくこ人ニ申合られ候ハヽ、そのときハとりつき進上可申候、さも□いて、御さいそくめいわくニて候、此由御と〔こ脱カ〕つけにあつかり候へく候、仍狀如件

文明十三年十月　日

内藏寮年預

一、此由中山殿申候處、内藏寮のねんによのきニて候、とり候よしお被仰候也、十六日のせちへ又つとまいるのよし候也、

十三日、晴、甲申、

月例念佛

一、御念佛如例、いほ酒持上候也、

伊勢貞陸被官河嶋郷年貢催促に入部

一、今日伊勢兵庫（貞陸）之内、松平・小泉・中地、河嶋郷へ人を入、年貢催促之由申之、此方より掃部助・

（45オ）

難波殿・いや六・藏主・小者遣之、色々事ニて今夜すてに可破事候無爲、河嶋二郎か」中人也、

十四日、過夜雨下、晴、乙酉、

大澤重致河嶋郷につき伊勢貞宗の許に遣はさる

一、彦兵衛（大澤重致）勸修寺殿くしろ（てカ）河嶋事、長谷勢州へ被遣候、委細キカレ可申之由候也、奏者スキへ、

一、今夕各飯酒候也、

河嶋郷三日間猶豫す

一、河嶋郷人數各被歸也、三日ハ可待之由候也、

十五日、晴、丙戌、

一、宗勝トキ、蓮養所へいや六遣之、予一宮所行、

河嶋太郎

一、河嶋郷大郎上也、

十六日、晴、丁亥、

四手井入道

一、四手井入道・同子出來之、予五百文、彦兵衛ニ五百文、難波殿各二十疋、御汁之由申候也、むしむきニて酒也、」

十七日、天晴、戊子、

河嶋郷正永入道來る

（45ウ）一、河嶋正永入道出來候也、いや六河嶋郷へ行候也、

因幡堂執行

一、因幡堂執行出來候也、

一、坂本寺家殿納豆十給候也、兵衛十、本所廿、

一、米上、一石四斗五升也、

播磨國揖保庄代官去年分年貢を納む

一、五貫文仁儀、いほの代官去年分今日納之、

十八日、晴、己丑、

十九日、天晴、庚寅、

久守山科東庄下向

一、予東庄下向也、難波殿・彦三郎・いや六・人夫二人、

（46オ）

廿日、天晴、辛卯、

するめ

なまこ

一、江州へ弥六・いほ、又人夫一人下、津田方へ栗三升・スルメ二連、同女中へうちより栗二升、同孫六郎方へなまこ廿・栗四升、かけひとのへ栗五升、あふへ栗三升・ひけこ・ひたい十五まい、代百疋、あちや〳〵予方へ栗三升・ひけこ入候、錢道物二十疋下行、

一、今夕かもん方・彦三郎明日本所御下御迎ニ被上候也、

丹波屋

一、三百文たんはや、

廿一日、晴、壬辰、

心華年忌

一、心華年忌、大澤寺布施二十文、普門庵時也、

言國下向供人数

一、本所今日御下、御供掃部助持太刀・坂田方・同式部方・中書・彦三郎・竹善・石法師・寅法師・人夫一人、

廿二日、過夜大雨、同風、晴、癸巳、

一、元三代官石法師参也、此月分也、

田樂豆腐
一、普門庵田樂タウフサタ候也、」

（46ウ）
廿三日、晴、甲午、
一、とうし寺ニひつほつ、相國寺一人、

湯に入る
小豆粥
一、湯をたく、各御入、夕部ニアツキカイ・酒、大澤寺・普門庵・せイハン・景柳・三郎兵衛・二郎ゑもん・いや二郎・又二郎・難波殿・坂田方・予・女中各、
今朝かもん上候也、
廿四日、晴、乙未、

小豆粥
一、今夕坂田方アツキカイ沙汰候也、
一、いや六江州より上候也、津田方（美作守）アラマキ二、孫六郎納豆五十、ナマツヘヨリカヤモチイ、カイヒトノ十疋、アラマキ一、津田方女中ウチヘアメノスシ五、ウチヘカケヒトノヨリ色々也、

雪花
廿五日、天晴、時々雪花、丙申、
一、納豆十西林院、五西林庵、五南、五政所、五三郎兵衛、五桂正庵、二うは、

串柿
一、三位予ニ榧一・串柿一ハ京へ持せ候也、アラマキ一、

久守上洛
一、予東庄ヨリ上、坂田方・難波殿同道也、

河嶋鄕正永入道來る

一、河嶋鄕しやうゑい入道出來也、」

（47オ）

廿六日、晴、丁酉、

山科東庄より米一駄上る

一、米一駄東庄より上之、

鎌田右京助藥院殿灰事

一、鎌田右京助朝飯よひ候也、藥院殿灰事御出候、酒まいらせ候也、

廿七日、晴、戊戌、

一、永壽院今朝御とき、一亂後御初候也、

一、濃州吉田有狀候、いんしゆの御上候事、則御返事申也、

一、予一宮所へ行、催促也、

萬里小路の代

一、五貫百文までのこうちの代、九貫文度々之かへし候あつかり狀也、

廿八日、天晴、己亥、

一、寺家殿筑後出來候、きしやきにて酒候也、とまる也、

一、覃藏主河内下向候也、

庭田雅行を訪ね種々の事を申す

山科東庄散在事

大津東浦事

駄別蛤賣事

一、予庭田殿（雅行）參、栗一裹、東庄散在事申之、粟津より申大津東浦事、駄別之儀にはまくりうりかさめの事申之、歸に飯尾三郎左衞門尉（爲修）所へ行、色々申之、

一、庭田殿栗一つゝミ、散在事申之、」

（47ウ）

廿九日、晴、庚子、

町代

一、八十文、町の代、

丹波屋

一、二百文たんはや、これ一貫文すむ、

明窓年忌

一、明窓年忌、御僧一人布施卅文、各時、

高野蓮養坊闕公用にて來る證文を訂正す

詫狀

一、高野蓮養二また出來、闕公用事、酒のませ候也、八十疋證文を六十疋ニなす、又五百文之由候也、詫事狀候也、

手足の肉刺治療法

一、人のてあしニまめおいたし候にハ、はなをしけくぬり候へハわつらわす候也、

甘露寺親長大德寺已講分料足を押領

後土御門天皇綸旨をもつて元長の出仕を停む

一、甘露寺（親長）殿紫野大德寺いこうふん料足百貫文計取之、公方へも不申候、りんしなされ候て、御方弁（元長）出仕と〻め、御せんかんらく所なり、

甘露寺かとる礼せんハおもけれと、かるくなりゆくちよくそかなしき

御所度度火災の落首

一、室町御所炎上して又北小路殿やけ、禁裏御出に車度〻めし候を〻て、

あさましや又車ニうちのりて、くわたくのかとをいつる大やけ

」

（48オ）

文明十三　十二月一日、辛丑、

一、彦兵衛上（大澤重致）へ礼ニ行、是ハ彦二郎・飯尾三郎左衛門方（為修）・門間方・式部方（坂田資治）・中書（頼久）、

二日、晴、壬寅、

一、飯尾三郎左衛門方、彦兵衛為礼遣之、

御供言國の求めに應じ綿を上る

一、自庄御供二前・木柴上候也、本所（山科言國）御書候也、わた廿入目下、本所之御用、

一、仁儀読蔵主一宮催促候也、今夕坂田方（資友）キシヤキニテ酒ふるまわれ候也、

一、掃部助（重有）・岩法師上候、いや六今夕下、

小川弓屋物狂ひて人を殺す

一、小川弓屋台主（亭カ）ものニくるい、女・下女つきころし候也、四人死候也、

一、予刀一腰一貫二百文かい候也、

三日、天晴、癸卯、

古川闕月宛公用錢納入さる

一、六百文、古川月宛出之、

山科東庄より米を上る

一、東庄（山科大宅郷）より米一駄上候也、ゆ廿五上候、

（48ウ）

備中國水田郷年貢納入さる

一、五貫文、水田郷（備中國英賀郡）年貢、

朽木口月宛錢納入さる

一、一貫文、朽木口月宛、

一、たんさうす、くすわ（楠葉）より被上候也、

布屋

一、本所御ひた、れ布四丈五尺五寸、代一貫五百五十文、彦三郎上下布まで、布屋代二百廿

三文欤、

山科鄕內勸修寺門跡領等につき再び勅書あり

一、禁裏(後土御門天皇)より又勸修寺下地事・泉涌事御ふミ被出候也、

四日、晴、甲辰、

一、今朝藏主汁・中酒也、

一、高橋出來候、酒のませ候て歸候也、

太一座頭の病氣を見舞ふ

一、太一座頭ニ違例とて度々申之、代二十疋遣之、

五日、晴、乙巳、

難波刑部少輔

一、難波刑部少輔方大津下向候也、

下揖保庄鮎鮨桶等を出す

一、仁儀方下揖保(播磨國揖保郡)アイノスシヲケ五・ウルカヲケ五、今日是出之、「

六日、天晴、丙午、

(49オ)

彌六播磨國都多庄下向路錢下行

一、弥六都多(播磨國飾磨郡)へ下、路錢二百文下行、

鮎鮨を諸局へおくる

一、あいのすし、なかはし(長橋局)へ一折敷、かす十五宛、はうしやうとの御つほね、花山院御つほね、にわたとの、御つほね、ひろはし殿(大典侍)御つほね、伯民部卿(白川忠富)・庭田大納言殿(雅行)、仁儀、甘露寺殿(親長)うるか桶一・すし二桶、うるかおけ二地下へ下也、

白川忠富より勸修寺門跡領事を仰せらる

一、伯民部卿殿參、勸修寺門跡領事色々被仰候也、

大般若勸進料

温糟粥

言國上洛直ちに參内

山科東庄内の勸修寺門跡領泉涌寺領をそれぞれに返す

言國奉答狀案

叡慮による

七日、天晴、丁未、

一、御ミや大はんにやの勸進十文出之、

一、さめの刀はしはしめ候、一昨日より福田院進候、加持今朝取よせ候也、

一、東庄へあをはな六ま〔い脱カ〕、代七十八文下、坂田方下向也、

一、今日一宮庭田殿さいそく候也、

（49ウ）

八日、天晴、戊申、

一、ウンサウ候也、量ニまいらせ候也、

一、今朝本所御迎ニ彦兵衞・中書・竹若下、今日御上洛候也、則禁裏御參內、勸修寺御門跡領東庄之内散在田地、同泉涌寺田地、ゐいりよの事ニ候間被返申候也、御ふミにて申候へと候間、御返事候、其案文、

くわんしゆ寺の御もんせき御申の田地、おなしくせんゆうしの事、ゐいりよの事ニて候ほとにかしこまり入候、申つけ候へく候よし、御心へ候て御ひろう候へく候、かしく

とき國

勸修寺門跡領山科東庄散在田地注文案

御門跡注進候、
田數五町餘、此内三町餘以前渡殘、
壹町餘此内

三昧供田大湯屋田公文田鎮守八幡宮本役方

六反大　三昧供田　五反大　大湯屋田　二反　公文田　一反　鎮守八幡宮朝夕田
此外　鎮守八幡宮田　本役方

九日、晴、己酉、

一、四貫文、仁儀出之、

鴨粕鯛

（50オ）
一、鴨一番・棰一、予、粠(マヽ)鯛一懸・棰、彦兵衛、三郎兵衛ミヤケ也、

一、五十嵐弥五郎・二郎ゑもん・けいりう上候、酒候也、下、

十日、晴、庚戌、

庭田雅行より大津東浦供御人事返事あり栗津同心駄別代官事

一、彦兵衛伯民部卿參、庭田殿大津東浦事御返事、如先〻粟津同心之由候也、御公事粟津可出之由候也、駄別代官事、荷物御返事可遊之由候、誂藏主留守候也、

十一日、晴、辛亥、

一、覃藏主被下候、今日坂本まて、

一、飛騨江馬使□阿朝飯よひ候、式部方しやうはん

十二日、晴、壬子、

大澤久守書狀案
備前國居都庄領家方別納分山科俊藤に割分
公用は久守方へ渡すべし

一、法住寺殿十疋下行、

（50ウ）
一、居都庄（備前國上道郡）上村領家方別納分事遣狀、案文、
居都庄上村領家方別納分事、爲家督少將殿（山科俊藤）割分之處、近年在國事候上者、於公用事者、此方へ可渡給候、所ゝ此分候、此由可得御意候、恐ゝ謹言

十二月十二日　　久守

藥師寺次郎殿
御宿所

言國正月用小袖を購ふ

一、本所正月御小袖おりすち二貫文かい候也、

一、西川殿夕飯御まいり候也、

十三日、天晴、癸丑、

月例念佛

一、念佛如例、

山科東庄より米上る

一、今日米上、東庄より一石四斗八升二合、ひくつ、

一、大原こたに（小谷）はうす出來候也、

（51オ）
十四日、過夜雪下、天晴、甲寅、

一、今夕飯尾(清房)か、所へ今夕飯よはれ候、桶壹・あらまき一持行候、　久守飯尾清房に招かる
彦兵衞・細川下總殿・西山しやうはん、
十五日、乙卯、曇、
一、宗勝・小谷はうす時、小谷坊主にハ二十疋まいらせ候也、
一、粟津大津東浦事ニ棰壹荷・鯛一懸・百疋持來候、さうめんにて酒のませ歸候也、　粟津供御人大津東浦事につき來る
一、本所御月次、松雪、　山科家月次歌會久守詠歌
降雪のつもりつもらぬ松かへハ青葉ましりの花と見ゆらし
一、今日駄別代官いまゝやのもの、しち返し候也、人供御來申之、　駄別代官
十六日、丙辰、雨下、
一、昨日勸修寺門跡三人ニて東庄年貢さいそく、　勸修寺門跡方山科東庄年貢を催促
(51ウ)
一、今朝豐筑後守(統秋)方朝飯被出候也、
一、竹阿ミ東庄へ下、
十七日、丁巳、天晴、
一、六貫文いちのミや出之、
一、河嶋鄉よりすミ一荷上候也、代五(マヽ)五十文也、　河嶋鄉より炭上る

言國高倉永繼に招かる

一、本所藤宰相殿（高倉永繼）朝飯よひ被申候也、御出候也、

十八日、晴、戊午、

一、むまやの前よしかきし候也、

河嶋鄕正永入道來る

一、河嶋鄕しやうゑい入道出來候、むしむきニて歸候也、

十九日、晴、己未、

水田鄕年貢

一、読藏主方より津田使來、水田年貢、

久守山科東庄下向せんとするも果さず

一、今日東庄へ下、坂田方同道候由、所ゝ用出來候て不下候也、

一、甘露寺殿より佐渡御使、寺家事いはさき出來、各酒のませ候、

廿日、晴、庚申、

久守山科東庄下向

（52オ）一、今日予東庄下、坂田方同道候也、東岩屋殿參候也、一月分いまたまいらせ候也、

高橋衞門公事錢を出す

一、二百文高橋ゑもん公事錢之由申出之、

刀を質置く

一、三百文刀しち、百文いや五郎さうし出之、

一、昨日十九日東庄せうと申候もの圓寂候也、

三寶院山科家に野口地子人夫公事物を出さず段錢を取るといふ

一、昨日十九日野口弥四郎所へ此方へ出候地子・人夫公事物以下不可出之由候、大谷申之、反錢可取之由候、其方ニおさへ候由候也、五十嵐弥五郎申之上候、則大谷所行、留守之由候也、

廿一日、晴、辛酉、

一、米一駄上候也、

湯に入る田樂豆腐

一、湯を焼、御料人(山科定言)・坂田方・予、大澤寺御入候也、今夕寺ニて田樂たうふ御さた候也、予行也、

坂本寺家殿御公事ニつき進狀候、坂田方小者やとい候也、」

廿二日、天晴、壬戌、

(52ウ)

一、三郎ひやうへ夕飯沙汰候也、予行、

飛驒より言國へ返事あり

一、同名掃部助方、飛驒江馬本所御返事ニつき上候也、

一、うはあめ二からけ持來候也、

廿三日、天晴、癸亥、

河嶋鄕より炭購ふ

一、窪田方炭一荷遣之、河嶋鄕よりかい候也、

久守上洛

一、予東庄より上候、大澤寺同道之、是ニてむし麥・酒まいらせ候也、

一、法住寺殿より御卷數一和尚持來候也、

廿四日、天晴、夕雪、甲子、

山科野口の段錢の事につき三寶院大谷坊へ行く　段錢は幕府へも出さず

一、三寶院大谷所へ段錢事行、此方御知行分かくへき之由申之、野口地子押間、先ゝ支證持行、何も不可入候、可取之由候、曲事、公方儀さへ不出候、各免狀也、三代御起請符也、然間傳

三代起請符

奏勸修寺殿此由申之、御使可被立之由候、目安」出之、（53オ）

廿五日、乙丑、天晴、

京都竹賣人箒の柄竹を納む

一、京の竹うり、はうきのゑの竹廿本出之、今日東庄此方すゝはき候也、

蛤賣り

一、はまくりうり、はまくり出之、

炭賣り

一、すミうり西七條さへもん大郎持來候、いつもの二荷、又このすミ四、一かニして持來候也、

一荷此方ニ殘、東庄下候也、

播磨國都多庄年貢錢納入さる

一、五貫文都多いや六上之、」（53ウ）

廿六日、丙寅、天晴、

言國樂傳受さる

豊原統秋服裝傳受作法

一、今日兩曲本所御傳受候也、豊筑後守ミね秋狩衣、本所衣冠、西ヲシイタニ妙音天カケラル、カウロ・カウハコ、本所西□〔向カ〕、筑後守北向、せウカウ後、本所太子丸ニテねトリ曲ヲ申、本所糸巻ニテ被□、せツ、、

口傳

口傳故實等不殘申之、後又筑後せウカウ後□本所御せウカウ、後三コンシヤウ、一コンメニ太刀一金・御衣代百疋・馬代百疋取之、折帋カク、中間二人十疋宛、西□太刀金持御出候也、豊筑後守太刀一黑本所へ進上候也、

奥書に子細あり

今度御奥書一タン子細共在之、」（54オ）

廿七日、丁卯、過夜ヨリ雪下、

一、今日地まつり候也、
一、永壽院御とき、御卷數禁裏・本所・私へ給候也、
一、こまの物くしかき一ハ・かんし百、代二百文、

九條筵座公事筵を納む

一、九條むしろ四まい、二まいちけへ、

山科七郷郷民來る

一、二郎ゑもん・七郎さへもん十疋宛もちきたる、又御さんよう□こわい、、同さんようしやう、又二郎三郎、しうとの所へ行くも□たる一・かも一・こふくれ候也、のむらのいや四郎・二郎九郎・兵衞九□〔郎〕・さへもん九郎・ひこ大郎、
一、いはやのくわん數二本、使廿文取候也、

寮官

一、れうくわん御ひあふき代十疋出之、

御乳人

一、御ちの人御上候、
一、二郎五郎くき一き持來候也、
一、きちやう五、つち木廿ハ上候也、

大工節料

（54ウ）
□〔一、御カ〕大くせち料、つるへ一・はしき・まないたの代、あかりしやうし□出之、」

備中國水田郷領家方公用錢請取狀案

請取申　備州水田郷領家方御公用事

七十五貫文

合柒拾五貫者 但散用狀在之、

右爲皆濟所請取申如件

文明十三年十二月廿六日　　久守判

此請取狀引替に九貫文受取

此請取之時、代九貫文請取之也、

利平

請取申備州――事

合八貫五百文者 此代五貫文本利平三貫五百文、五文子定也、十四月也、

右且所請取申如件

文明十四〔三カ〕年十二月　日　　久守判

古川關公用錢當月分納入さる

一、八百文、ふるかわより當月分、

(55オ)

廿八日、天晴、戊辰、

風呂

一、御風呂、甘露寺殿御出候也、御料足貳百五文也、後うちのま□、

一、地下へ色々下、御ついかさねくきやうおしき、予小袖面こき□、

備前國居都上村年貢錢納入さる

一、拾貫文居都上村今日上、

一、壹貫文同所かるへ上、残五百文也、合十一貫文也、

丹波屋
一、丹波屋栗出之、いのこのおいま、かちくり一袋出之、

小鯛
一、町こたい卅五まい出之、

一、南洞院（房實）より御巻数給也、」

（55ウ）

廿九日、曇、己巳、

地子
一、二百文なんはきやうふとのへ地子遣之、

積一座頭
一、せき一座頭あらまき一、たい也、しろ、

一、貳貫文、いちのミや請取出之、

餅注文
一、もちいのちうもん、今日上候分、
御へんついの三、御か、ミ大小八まい・はなひら三百まい・ミそ二百文分・いわしかす二百・ひらきのまめ八升・うらしろ上候也、

一、下御色ゝ、代一貫文いちのミや、ふしかつほ二・たい一かけ・かも一・御こきかこ二・御こきふき布三・かまのふた、御料人御しきむしろ一まい、

一、六百文、たるの御月宛、當年分すむ、木一か七束也、

一、わたくしの木く、くきやう七前、此内三前ちかへ、ひんへき一□ちけへ、うすをしき三そく、

此内ちけへ二束、二文かんなか□一そく京候也、

禁裏勝仁親王および言國へ本結進上公事錢

（56オ）

一、御もとゆい三すち、禁裏・親王・本所へまいる也、
六百文御くしせん出之、いま一人不出之、
下まちよりにし十五はい、三はい宛出之也、
卅日、過夜ヨリ雨下、

鳥屋

一、鳥屋二間より鳥一出之、
一、までのこうちへわり木そく、中書一束、式部方へ一束□、

槇島雑喉公事錢

一、けいりんしの御地子三百文納申候也、
一、八百文、まきしまさつこの公事錢、

散所竹公事錢

一、壹貫文、竹公事さん所のもの、

粟津雑喉公事錢

一、壹貫文、あわつさつこの公事錢、

正月用油購ふ

一、正月のあふら百五十文ニてかい候、せちれう出之、あらまき□、

（56ウ）

一、五百文法住寺殿參、當年九月末進二百文せつく□、

正月用扇

一、貳百文、本所御あふき代、正月の也、

備中國呰部郷年貢錢到來 智阿彌持上る

一、智阿ミ上、代拾七貫文、（備中國英賀郡）あさいの御年貢也、今日六貫文□、

歳末の禮に來る人々

一、東庄より酒たる四、此内一すゝ候也、

一、礼ニ出來人〻、

山井アキ・ウノ方・林五郎さへもん方・筑前守方・いなは堂執行・飯尾三郎左衞門方・清水・

粟津伊勢左衞門・佐渡方、

下町代

一、下町五十文出之、

上町代

一、上町百卅五文出之、

彦三郎元服
重茂と名乘る

一、彦三郎元服、今夜吉時祝候也、本所太刀金進上候也、重茂、

地子錢

一、これの御地子一貫七百八文出之、當季分也、

大澤久守記

河原者おとな

幕府奉行人奉書案

足利義政邸庭の爲の木石檢分のため河原者を山科七郷に遣はす

〔文明十八年〕 ○原本田中穰氏所藏、原表紙缺ク、原寸縱二六・三糎、横二一糎、

(柳原紀光後補表紙、上書)
「文明十八年雜記　三月　夏　秋　十二月　所々缺」

〔三　月〕

○前缺ク、以下十七日條ニカカル、

御酒被下候也、薄殿(以量)御文之、

(1オ)

一、東山殿(足利義政)河原者兩人おとな御奉書持來候也、酒のませ候也、其案文、

一、御庭籠木庭石等事、爲被見之、被遣河原者於七郷、可被副案內者之由候、恐々謹言

三月十七日　　數秀(松田)在判

山科家雜掌

一、藥師寺明日備前へ被下候之由之間、狀下候也、

十八日、雨降、甲子、

一、弥六東庄〔山科大宅郷〕下、公方御庭者そへ七郷まわる、石木之御用也、

幕府庭者を山科七郷に案内す

十九日、雨降、乙丑、

（1ウ）一、□承候事候間、以左」□〔置カ〕□先悦喜之由申之、酒まいらせ候也、

一、ゐミやう院又一石、以上四石也、

圓明院

一、自東庄弥六上候、河原者木六十本七郷より、東庄ヨリ四本、一宿候也、代貳貫文取之、

河原者山科七郷の木を徴す

廿日、天晴、丙寅、

一、おとハのれいしゆあんのちや三十三袋、今日出之、

一、三條殿三井右京助所行、太刀金、　林殿同道也、

三條家三井右京助を訪ふ

一、西林院出來候、古茶十袋給之也、

（2オ）一、泉藏坊、勘解〔由脱〕少路〔斯波義敏〕三位入道殿同道、立花一見申、御出候て御酒給候也、□予一瓶立候也、」

泉藏坊斯波義敏を同道して立花見に來る

廿一日、天晴、丁卯、

一、今夕一宮入道去月四日狀、今日上候狀まて、

一宮入道

一、今夕泉藏坊もと□御持來之、色〻□候也、

廿二日、晴、戊辰、

一、東庄彦大□一袋持來之、

廿三日、晴、己巳、

御乳人

一、御乳人□

廿四日、□

禁裏立花御用に召さる

一、禁裏立花御用予被召候也、

廿五日、雨降、辛未、

辰巳口中童子大和より串柿胡桃等を運送中宇治木幡にて押さへらるを訴ふ

一、にし口入道たつミ口のもの中たうし七人出來、宇治さたわたのもの候、むかしよりやまとくしかき・くるミ・かへうら・さるおうるたる〔間カ〕おさへとる之よし申之、我々三々てくしかき、高橋方いや六なととり候欤、曲事、今日二百文ふるまう、酒候也、

深草郷刀禰焼米を持來る

一、ふかくさのとねやき米袋二持來也、

廿六日、雨降、壬申、

松崎掃部助弟

一、松崎掃部助おと、やき米袋壹くれ候也、

一、豐筑州〔統秋〕へ竹壽・彦兵・難〔刑〕形御入候也、〔粽カ〕□持候欤、

忿氣飲調合

一、忿氣飲調合候也、

廿七日、天晴、癸酉、

光明寺目薬師

山科野村郷道秀一番茶出す

禁裏御庭普請

一、光明寺ヨリ目薬師出來、今日つくろ也、同竹阿ミ同御候也、
一、永壽院御時、
一、野村道シウ一番茶一キン・ヒクツ二キン出之、
一、同弥四郎一番茶一キン・二番茶一キン出之、
一、弥六明日東庄へ東山殿御庭木被返候間、其事也、
廿八日、天晴、甲戌、
一、□□□〔古川方カ〕闕事注進候也、
一、禁裏御庭のふしん候て与三郎進之、
一、院廳本□布一・杉原十帖持參候也、
一、彦三郎方へ狀を遣之、
□□□〔廿九日〕、□御本日朝御時、

（3ウ）

□、四月十日、
一、米請取五石七斗三升一合、代七貫百二文、當月分マテ、入目五石六斗五合、殘一斗二升六合四月分、
一、雑事七貫六百文、
米雑事合十四貫七百二文、

細川政元軍勢を率ゐ攝津より上洛
山科言綱誕生
伊賀茶
金鳳花の種子を下す
精好の茶器
萬松軒免僧備中國興法寺事申す

米錢合二十一貫八百四文也、當月分、

（4オ）

文明十八　四月一日、雨降、カミナル、丙子、

一、攝州ヨリ細川殿（政元）、藥師寺備後守（元長）おと、千五六百人ニて上候也、

一、今夕四時ニ本所上様（山科言國）若御料人（言綱）誕生候也、目出度也、御門北ワキノ屋也、予則御礼参候也、

一、彦二郎里より被歸候、ミヤケニ貳十疋、伊賀茶ヨキ一袋大也、

二日、雨降、丁丑、

一、自東庄（山科大宅郷）御供二前上候也、イワナシ、ヒケコ二・ツト一、私茶三袋、タナヤキ米袋一上候也、御
經キンホウケノタネ大澤寺へ下候也、□（中カ）書（頼久）下向候也、
□（二）□郎［　　　］酒トテ樽一・干鯛□ハイ二器・ヤキ米袋一、

（4ウ）

□□（三日）、［　　　］ヲマノウ□今日出之、大イカキ一候也、

一、彦三郎今朝セイカウノ茶器取ヲトシウチワル、

一、樂林軒（綾小路有俊）御出、萬松免僧備州興法寺事申之由被仰候、酒まいらせ候也、

一、江馬返事茶十袋、母之方へ同十袋遣之、

四日、晴、己卯、

細川政元正親町三條公治邸を襲ひ放火せしむ

一、過夜暁、三條殿（正親町三條公治）夜打入火ヲカク、二人打死候也、細川殿ヨリ沙汰ト申之、

一、目之坊主出來、禁裏一見藥代三十疋遣之、酒也、竹阿ミ貳十疋・扇一本遣之、」

（5オ）

五日、晴、庚辰、

山科東庄竹棚等を上る

一、自東庄竹たな一・わり木二東代二百文、狀そふ、明日御經一部・御たる一代百五十文上候也、

生成の荒巻

一、自寺家殿ナマナリノアラマキ給候、古茶五袋進之也、使酒のませ候也、

河嶋彌九郎京都物騒

一、河嶋弥九郎出來候、物忩之由申之、酒のませ候也、

六日、晴、辛巳、

一、四手井茶五袋クレ候也、

淨祐年忌目藥師

一、淨祐御年忌、永壽院御同宿二人下部、御經一部、各ゝ御時、目藥師御僧時、

一、東岩□る候也、御馬下、カタヒラアワセ、弥六下、」

（5ウ）

七日、□

八日、天晴、癸未、

山科東庄御供を上る葛袴

一、自東庄御供上候也、各イタ、カセ申也、五十嵐方上候也、借裝束代百□葛袴トネリ也、

山科東庄民來る

一、東庄二郎九郎榼一・荒巻一持來候、飯クワセ候也、其後三郎兵衞上候、彦五郎可入入之由候

申也、今月五日申、

皮籠を預く

一、兵衛九郎所へかわこ貳アツケ下、二郎九郎持下候也、

九日、天晴、甲申、

飯尾爲脩來る雑談

一、飯尾肥州〔爲脩〕出來候、ヒヤムキノシ酒、中間マテ色〻雑談候也、

十日、晴、乙酉、

（6オ）

一、目之坊主白川殿引合申、肥州も今日か昨日書也、薄〔以量〕殿御つくろい候也、予參也、

十一日、晴、丙戌、

東山酒屋

一、口宣案文□、御方樣東山酒屋、

一、大澤寺御上候也、カミ袋一、御ミヤケユツケニテ酒候也、

高倉家へ參る

一、高倉〔永繼〕殿予參候也、冷麥酒候也、チヤウナウ卅、キホウ廿、以上五十進之、キホウ行、

十二日、晴、丁亥、

□納言坊□將基〔棊〕・酒候也、

十三□〔日〕、□

（6ウ）

一、御念□候也、

一、□殿御出候、烏丸殿御元服裝束事、酒□□〔まいカ〕らせ候也、

駕輿丁里賣人來る
西口關事
車屋
飯尾爲脩を訪ふ
普門庵麥押さへらる曲事
足利義政より義尚の大將拜賀參列を命ぜらる
細川政元被官上野玄蕃頭中間山科鄕又二郎跡買得す

一、西七條之左衞門大郎・高橋出來候、里うりの中かよちやうなれとも、こなたへ申合候處、いまはしめて三郎ゑもん・三郎五郎・ゑもん二郎・かわなへ此四人也、西口たゝすましきよし申之也、くるまやの与三と申ものハもとも申合候也、

十四日、晴、己丑、

一、飯肥へ行、

一、左衞門大郎すゝ四こかし候也、一かにて候也、」

（7オ）

十五日、晴、癸寅、

一、勝宗御時御出候也、

十六日、晴、辛卯、

一、普門庵麥おさへてかえられ候也、曲事、

一、室町殿（足利義政）仰、二階堂山城守（政行）承とて雜掌申兵衞進候也、御拜賀ニ可被參候、然者不知行可被申候由也、

一、二郎三郎上候、上野ゝけんはのかゝ中間、於下又二郎のあとはいとくのよし候、他人申付事尋之、山田彦五郎と申中間ハ小二郎かわいと申候者申候、

一、今夕彦兵衞、予色ゝかへり御返事候也、

十七日、□、壬辰、

一、五十嵐上、又下候也、

幕府奉公衆

(7ウ)一、公方□ノ□ホウコウカタ五番衆也、トサマ、テハウ州□三千人、サカイカセンノトキハ貳千人、今ハ八百人御座候也、

二階堂政行を訪ね昨日幕命に従ふを傳ふ

一、予今朝二階堂所へ行、昨日御返事申也、先畏入候、自是注進可申由也、

十八日、晴、癸巳、

一、二郎九郎上候也、

一、彦兵衛事、豊筑州(統秋)被申無爲候、夕飯候也、

泉藏坊

一、泉藏坊十疋持來候、酒道書字ノ事、主いや□書事候也、

十九日、晴、甲午、

一、坂田方(資友)女中鮒スシ三給之、

坂田資友より立花心木貰ふ

一、坂田方立花心松檜五六本給候也、

一、今日東山殿、室町殿・御臺御成候也、御臺ハハシメ也、

一、予今日　禁裏花ニ參也、宮御方(勝仁親王)マテ□□(瓶カ)候也、

(8オ)一、フエイノ修理大夫殿、予行花一瓶立之、心松一本をも也、

山科東庄政所申狀案

一、東庄政所ヲチ彦五郎、上野玄蕃頭ニ出候事一通案文なり、

山科大宅里地下人彦五郎男申間事

山科鄕は後白河院以來三代御起請地

山科庄地下人他の被官になるは禁制

一、當鄕事者、自後白川院以來爲三代御起請符之地、於地下人等者、他所之御被官仁罷出事、爲禁制處、破先規、彦五郎所行言語道斷次第也、然上者被放下御披〔被〕官者、可畏入事、

又次郎跡兄僧相續せしめんとす

山科七鄕長

一、被官人又次郎跡事、既彼者死去仕候間、兄僧令還俗、跡可相續之由申付之處、逐電仕候間、不及是非之儀處、山科七鄕長近藤加賀守彼僧就緣者、此方へ令出來、彼僧召出、堅可申付之由申間、致領掌之處、則召出令還俗訖、然間彼跡事申付候處、無幾程又不可成出家之由、種々侘事申間、一事兩樣之儀曲事之由申、折檻仕、跡事ヲイ二郎三郎ニ申□事、

一事兩樣儀

又次郎は山科家進退たるべし

(8ウ)

□望申事條、無覺悟者歟、山林」田畠□買德〔得〕仕候、既又二郎爲此方宛行給分□〔爲カ〕被官人跡上者、本所可爲進退者歟、殊彦五郎事者、母存命之時、小家田畠等分宛、就今別家者、兩所共ニ可致知行之由、無道至極也、惣而彼跡事者、云被官人跡、云在所領主、旁以此方可爲計者也、自然彦五郎就計會、剰雖致侘言、於爲此方之被官者、可有子細事歟、

彦五郎は別家被官人跡在所領主共に山科家の計ひ

彦五郎他家の被官となり異弟跡を掠むは言語道斷

既破先規、他家之御披〔被〕官罷出、剰異弟跡種々申掠申事、言語道斷之次第也、惣別申候御被官人兄弟、此方ニ加扶持之由申、自然其跡爲此方有望申子細者、可有御承引事歟、旁彼《カノ》庄內事

他家の成敗を嘆く

彦五郎の被官を放つを願ふ

者、有由緒共間、他家御成敗歎存者也、就在所者、右此條々可然様預御成敗、傳達於彦五郎

者、被放御被官、止御違亂候者、可畏入存者也、」

（9オ）

一、ヒキ田三百文、玄蕃奏者柳一か・鯛三マイ遊也、

廿日、雨降、乙未、

一、飯尾三郎（爲修）左衛門入道方、伊勢御はらいせすなの候也、同彦兵衛にも同事、

廿一日、天晴、丙申、

勧修寺教秀書状案

一、御服御惣用下書案文、傳奏御折帋候也、判計也、

足利義尚大將拜賀につき內侍所料禁裏御服料を下行

大將御拜賀惣用內、千疋內侍所、參千疋且御服料、以上四千疋可被渡進候也、恐々謹言

四月廿一日　判

二階堂（政行）判官殿

（9ウ）

禁裏御服用脚請取状案

請取申　禁裏御服御用脚事

□者」

右□如件

文明十八年四月廿一日　内藏寮雜掌

重致判

内藏寮雜掌

廿二日、天晴、丁酉、

御服用脚幕府御倉籾井より織手井上に下行

一、□やうへか所望ニ三上候也、

一、御服下書ニ二階堂(政行)・飯尾大和(元連)・松田(長秀)・長澤〔中〕(之綱)也、モミイ御倉三十貫文下行候也、今日井上ニ九貫文下行、

鯉を貰ふ

一、庄藤右衛門方鯉一くれ候也、

一、野口かいちや二きん百六十文也、一きんのふん、

廿三日、天晴、戊戌、

萬松軒へ行く
二階堂政行を訪ね義尚大將拝賀事につき申す

一、今朝萬松免僧所へ行、興法寺事、次ニ二階堂所へ行、御拝賀事申之、對面候也、

山科東庄山侘事

(10オ)

一、東庄道林・井上さへもん・三郎ひやうへ・かもん上候、道光の跡」山わひ事□本所事候間、其可持事、心へかたきよし申之、

一、本禪寺へ茶十袋進之、あんやう寺へ御茶十袋進之也、

廿四日、天晴、己亥、

一、備州山田殿出來、酒まいらせ候、

禁裏千句御連歌會場と御學問所に花を立つ

一、禁裏へ予花參內、千句御連歌、花二瓶、御學文所花二瓶也、今夕ヨリ本所御人數御參候、

廿五日、雨降、庚子、

禁裏千句御連歌御會始る

一、禁裏千句御座候也、

□候也、

□任候也、□たひ候也、

（10ウ）

廿六日、晴、辛丑、

栖雲寺

一、栖雲寺ヨリ景隆事ニ御僧御狀候也、湯付ニて歸申候也、御返事申候也、

廿七日、晴、壬寅、

一、永壽院御時、南洞院殿御出、

山科家屋根葺

一、今日よりヤネフク、二人、

廿八日、晴、癸卯、

一、今日もヤネフキ二人、

河嶋郷正永入道來る

一、河嶋しやうゑい入道茶十袋持來候、ちまき・ちや、

（11オ）

一、予日野殿（政資）參、御拜賀一定本所（山科言國）御參之由申之、傳奏へも參也、町殿（廣光）へも參也、

廿九日、雨降、甲辰、

桂正庵

一、桂正庵帋袋貳給也、

一、飯尾和州へ、同□左へも栗折一合宛、アサミニ一裹遣之、

山科家屋根葺終る

一、屋ね《(ふ脱カ)》き今日まて三百文下行、二人也、

町代

一、上町廿五文廿文五二、十五文五十文五廿日、此代七貫八百文、百文八升又七升八合ニモアリ、

一、御米御□六石一斗三升、

入五石七斗六升五合、殘三斗六升五合、

一、雜事［　　］文、米代、合廿貫三百五十一文、

（11ウ）

文明〔十八年五月〕□□□□□一日、天晴、乙巳、

一、甘露寺殿《（親長）》・飯尾肥州《（爲脩）》・同三郎左衞門《（爲修）》方へ予行、

朔日祝

一、各礼ニ出來候也、

一、賀茂□《〔足ヵ〕》ソロヘアリ、

二日、天晴、丙午、

今朝より精進

一、自今朝予精進仕也、本所（山科言國）者四十八日御沙汰候也、

日野政資飯尾為脩等へ栗を贈る

一、日野殿（政資）栗一合、飯尾肥州へ栗一裹、ヨシトミへ一折持参候也、ヨシトミ水マキ入道御使候也、

一、彦兵衛（大澤重致）上へ催促行、

山科東庄より御供繪箱御經参る

一、自東庄（山科大宅郷）御供、 繪箱二・御經一部上候也、

一、御方御かた（山科言國夫人）ひらそめちん二百五十文ニ御れう人（山科定言）百文、

一、井上くすたまのいと四つ、ミまいる、一つ、ミ本所へまいる、

斯波義敏によばる

（12オ）

一、ふゑい三位入道殿（斯波義敏）予めされ候て酒候也、

三日、雨降、丁未、

菖蒲

一、シヤウフ十ハ、代十二文也、

一、津田孫右衛門方鮒・鮎十被上也、

唐納豆

一、南洞院（房實）御出也、唐納豆袋一給也、

四日、晴、戊申、

飯尾為脩來る

一、飯尾肥州出來候、酒候也、庄藤右衛門尉方使ゑき出來候也、

端午祝粽

山科東庄政所筍を納む

又次郎跡小麥普門庵刈取る

上野玄蕃頭被官川居麥返却を申出る
久守山科東庄下向せんとするも大雨にて不能

（12ウ）
〔五日〕□□、□
□二□棰壹、代百五十文、
□（二百文□）分七郎さへもん、
一、あさ□て礼狀□ちまき・ひやむき、彦二郎酒、
一、御いわゐに□ちまき本所廿、彦兵衞方卅、
六日、降、晴、庚戌、
一、竹子一束、政所三束之內、
一、弥六東庄へ下、又二郎か小麥之事、普門庵かるよしニわひ事也、かわこひわ上候也、たる一上代下、
一、祥雲院八日之儀百疋、本禪寺へ百疋遣之、
一、ツノ國フケ方之法師二十疋持來候也、サカナヒヤムキ酒候也、」（13オ）
七日、雨降、辛亥、
一、大澤寺御上候、タイヤ、永壽院・南洞院御座候也、
一、今夕自東庄注進候、上野玄蕃川居ト申者大津下、四手井・西山者兩人ニてカリ候ムキカヘスヘキ申也、可注進申也、いや六下、今夜予東庄可下之由候處、大雨ニテ水出、不下候也、

八日、晴、壬子、

山科東庄公事

一、□大澤寺カイアン、南洞院・永壽院同下部十文、各十疋宛、御經二部、

山科東庄麥につき曲事あり

（13ウ）

一、本所□東庄公事、予可下事被仰候、」先□則彼方へ御使ニ留守之由候也、今夕弥□麥三ハ、二郎三郎か所々出取之由候也、曲事也、今夕使上候由也、

九日、晴、癸丑、

一、今日中條方へふさ遣之、御返事申候也、

一、安富所へ使、藤中納言（高倉永繼）殿ヨリ被立候心經申候由也、其礼ニ予藤中納言殿参也、昨夕勸修寺（敎秀）殿ヨリモ玄蕃方へ御使候也、コレヨリ御狀被出候也、

棟別錢の事につき幕府奉行人來る

一、是之棟別之事ニ長澤（中澤之綱）・齋藤民部（基紀）使候也、

十日、雨降、甲寅、

鮒鮨

一、三郎兵衞上、鮒スシ五持來也、」

（14オ）

一、小林所へ鮒五・栗一折遣之、

鹽冶三河守

一、今朝智阿ミ藥師寺・一宮・塩冶三河守催促也、庄ハ則書狀候也、

十一日、晴、乙卯、

言國の袍新調す

一、本所（山科言國）御袍出來候也、代六貫五百文、

一、五十嵐上候、小南中務干魚一連・チマキ・竹子一束・桛一持來候、色ゝ今度之子細共申也、曲事候由也、二郎九郎も上候也、

川居彦五郎事につき高倉永繼使あり

一、藤中納言殿御使高畠、予・安富所へ被遣候也、彦五郎事申之、留守之由也、
一、今夕飯尾肥州・同三郎左衛門方・甘露寺殿・町殿參也、
一、五貫文此□十貫文納候也、

十二日、晴、丙辰、
十三日、晴、丁巳、

（14ウ）

山科東庄大般若會

一、東庄大般若在之、於御宮也、
一、御念佛如例、

筍汁本禪寺談義

一、日野町殿（廣光）・本所朝飯、竹子汁、五辻僧同本禪寺談義御參、御歸候て、飯尾三郎左衛門出來候、御對面候、御雑談被歸候、後又酒候也、

十四日、晴、朝雨、戊午、

山科東庄政所筍を納む

一、自東庄竹子二束、政所三束之内也、又一束泉藏坊上くれ候也、

斯波義敏使來る

一、ふゐい三位入道□使、水まきひうを一折さよと申之、給之、

○コノ間缺損アリ、

（15オ）

廿六日、晴、時〻雨降、庚午、

幕府奉行人連署奉書案
禁裏御築地修復を命ず

一、飯尾三郎左衛門入道奉書、加判新藤中務、禁裏御筑〔築〕地事也、

一、禁裏御筑〔築〕地貳簣幷覆事、可有其沙汰之由被仰出候也、仍執達如件

文明十八
五月廿六日　永承（飯尾爲修）判
元室判

山科家雜掌

松田數秀東山殿用木寸法を報ず
松田數秀書狀案

一、松田對馬（數秀）雜掌申東山殿御用木八本寸法在之、谷□（川）□之由也、

（15ウ）

□分可持進之旨、可被加下知七郷之由候、恐〻謹言

五月廿六日　數秀在判

山科家雜掌

廿七日、晴、辛未、

後土御門天皇智禪院眞盛を召し談義せしむ

一、永壽院御時、禁裏御談議千セン院（智禪院眞盛）今日ヨリ三ケ日、

一、今朝弥六昨日御奉書持下候也、

松田數秀奉書をもつて木材調進を命ず

一、松田對馬今日又如此御奉書候、今日中昨日之木可上之由、使野村と申候者被申候也、

幕府奉行人奉書案

谷川橋木事今日中持進ずべし

一、谷川橋木事、御急用候、今日中可持進之旨、堅可被加下地〔知〕之由被仰出候、恐〻謹言

五月廿七日　　數秀判

大澤長門守（久守）殿

（16オ）

禁裏御服要脚

一、日野町殿參、御服要脚事申、

正親町公兼邸へ強盗討入る

一、過夜正親町殿（公兼）カウタウ（強盗）、チ候也、物共取之、侍一人手負候也、

伊勢家使幕府奉書持來る

一、勢州之三上使いまいと申者、此御奉書持來候、

幕府奉行人連署奉書案

山城國を幕府料國とす伊勢貞陸山城國守護に補任

一、山城國事被成御料國、於守護職者、被仰付伊勢兵庫助貞陸訖、各可存知之旨、可被相觸山科七鄕之由被仰出候也、仍執達如件

文明十八
五月廿六日　　　　　　　　　　　　　　　為修（飯尾）判
山科家雑掌　　　　　　　　　　　　　　長秀（松田）判

一、四郎大工ニ御服御辛櫃申付、是ニテサタ候也、

禁裏御服唐櫃を大工に調製せしむ

廿八日、晴、壬申、

一、智阿ミ居都庄（備前國上道郡）・□部庄（呰）（備中國英賀郡）下、中山彦左衛門方狀下、山本備後守狀進□進也、路錢五百文下行、庄方より狀先出之、

智阿彌備前國居都庄備中國呰部庄に下向路錢下行

（16ウ）
□（一、）□□□□（一昨日カ）東山殿□被仰出候木、鄕中ありかたく候へと□ゑ□なきよし候也、□竹阿此折帋持候て、松田對馬方參候也、供一人六條入道、

東山殿御用の樹木鄕中になし

一、タツミ口モノ野村鄕ものにすも、とめてとの候也、

辰巳口野村鄕民の往來を止む

廿九日、晴、夕立、癸酉、

一、竹阿ミ公方御大工七鄕へ下、昨日八本木の事候也、四宮一本、音羽一本・大塚一本・花山二本・野村一本・陵一本・南木辻（椥、以下同）一本、

幕府大工山科七鄕に下り樹木を徴す

一、七鄕より使とて四宮いか・西山□南木辻兵衛・ツシノ奥中務・花山大郎左衛門・山カイノ左衛門・二郎九郎、今度　禁裏筑（築）地之事、予酙酌之由申之、歸候也、

山科七鄕鄕民代表禁裏築地事にて來る久守善處を約す

（17オ）
卅日、晴、甲戌、
一、今日百疋米カイ候也、

地子
一、今日地子七郎さ衞門の所合力一貫五百文取之、

町代
一、廿文町代、十五文六十三、
一、米六石三斗三升四合、入目五石九斗六升一合、殘三斗七升三合、
此内五石九斗六升九合、代八貫文、

料足方
一、料足方ハ御年貢納候間、引替なし、」

（17ウ）
〔文明十八年六月〕
□□□□□□一日、雨降、乙亥、

柿澁
一、林五郎左□來候、見な川新右衞門かきしふ所望、則遣之、酒まいらせ候也、
一、正月粭干飯御いわゐ候也、
一、五十嵐掃部助上候、

御供
一、御供今日上候、目出度候也、

西園寺家被官與三郎遺恨事
一、西園寺之内より与三郎子千松かかしらおつふせ候て、うちやふる間、与三郎いこんお申、

內者秋庭方色〻わひ事、これへも出來候間、予又彼方へ行、

革堂愛染明王へ代官遣はす

一、かわたうのあいせんへ代官ニ弥六まいらせ候、御はつお十文、御ふく出之、毎年の儀也、

一、玄蕃尉之矢嶋方難波殿出來候、彦五郎事申也、ひや麥酒候也、」

二日、雨降、丙子、

山科七郷郷民禁裏築地普請侘事に來る

（18オ）

一、七郷より禁裏御築地之侘事七人上候也、百疋持被來候、酒候、色〻申處重而申間、可申由申候也、目安候也、

目安

一、難波殿矢嶋所へ御出候、色〻申、又かわい可下之由候間、形〔刑〕部少輔方も御下候也、石法師供候也、

一、彦兵衞方へタンシヤウノヒ、又コセニ代二十疋遣之、

公事につき狀遣はす

一、御公事ニ小林所遣狀、其狀者御下知候て、御代官上使下候者、可有所務之由申之狀也、

三日、天晴、丁丑、

一、東山殿之御□之御局之本所〔山科言國〕始御料人〔定言〕今日取被申候、御□仕丁一人、野村一人、竹若・彦二郎□□〔御供カ〕□百本、こふ予一荷被持候也、」

（18ウ）

一、御里□之持候也、□本所御出候也、

山田彦五郎事件落着す

一、自東庄難波□石御上候、彦五郎公事、無爲無事候、目出度候、家ハのしニ下地二反殘候也、

彦五郎徘徊を禁止

彦五郎ハ里之はいくわいかなうへからす候也、又二郎かあとハこほうと申仕候也、此こほう彦五郎かねこて候也、

四日、晴、戊寅、

山科七郷より使上る

一、七郷ヨリ使二人上候、今日予返事音羽郷之ヌケ候間、予申事斟酌之由申也、兩人ニヒヤ麥酒のませ返候也、

普門庵曲事

一、今日又普門庵色々申事相違也、曲事、則泉藏坊よひ出申之、」

○コノ間缺損、以下十四日條ニカカル、

（19オ）

䋎屋兄部職事につき座衆來る

一、䋎屋兄部職事、座中五辻大宮ツチヤイマ一人出來候、傳奏（勸修寺教秀）一通進之、桶一・スシ五持來候也、案文此方より狀候也、各酒まいらせ候也、

大澤久守擧狀案

禁裏御服所䋎屋兄部職布施新四郎を補任するも正體なし

一、禁裏御服所䋎屋兄部職之事、先年布施新四郎方□補任之、彼方之儀、就無正躰、爲座中、芝《シハ》䋎屋事申談之上者、可然樣可有申御沙汰候由、可預御披露候、恐々謹言

六月十四日　久守判

三宅八郎兵衞尉殿　御宿所

タテフミ候也、

竪文

十五日、晴、己丑、

傳奏勸修寺教秀に目安を提出す

一、勝宗御時、

一、今朝予傳奏參候、條々申目安案文也、又御狀之案文、」（19ウ）

山科家雜掌申狀案

内藏寮領粟津今宮供御人寮役の外諸役御免

伏見宮家駄別役は迷惑

河内國河俣御厨守護押領す

中御門油小路敷地赤松伊豆守押領

山科家雜掌謹言

右、當寮粟津□今宮權□等之供御人事者、自往古寮役之外、諸役爲御免之處、近年無謂爲伏見殿樣號駄別役、被懸召之條迷惑此事也、次河内國河俣御厨庄事、爲舊領當知行無相違之處、一兩年守護方令押領者也、將又中御門油小路敷地、同爲家領之處、一亂以後、赤松伊豆方押置之條、旁歎存者也、所詮此等之子細共、今度就御拜賀出仕之儀、如先々無相違樣、被成下御成敗者、弥爲致公武奉公、粗謹言上如件

文明十八年六月　日

山科家雜掌申狀案

岩崎平左衛門尉より料足借用

知行所近衞堀河地子をもつて償還に宛つ

山科家雜掌謹言上

右、先年岩崎平左衞門尉仁料足柒貫文借用仕者也、仍其後度々書加利平、參拾貫預狀遣置之、知行分近」（20オ）衞堀川地子、毎年六貫文餘相當之間、可致所務之由、契約仕訖、然間、至去々

年五ヶ年間、致知行之上者、參拾貫文令相當之處、猶以地子抑留仕候條、迷惑之至也、所詮任御法之旨、彼方可止違亂之由、被成下御成敗者、可畏存之由、粗謹言上如件

文明十八年六月　日

地子抑留續く

山科家不知行所々注文案

不知行所ゝ事　（これハ折帋也、傳奏へ進之、奉行飯尾肥前守所候也、御狀被副候也、）

一、河內國河俣御厨庄、守護去年（文明十七四）被押候也、

一、中御門油小路地、赤松伊豆方一亂以後押之、

一、粟津今宮供御人申事、

□〔一〕□□〔岩崎カ〕平左衞門尉預錢事、

傳奏より奉行飯尾爲脩へ遣はさる副狀

（20ウ）

□新宰相（山科言國）申訴訟事［　　　　　　　］給候也、謹言

六月十五日　教秀

飯尾肥前守殿

十六日、天晴、庚寅、

禁裏立花御用に召さる

御服要脚催促

二階堂政行被官三富幕府奉書を傳ふ

幕府奉行人連署奉書案

足利義尚大將拜賀要脚として山科大宅郷に棟別錢を課す

一宇別百文

一、東庄弥六下、竹事色〻申之、

一、禁裏予立（花）之御用ニ被召候也、

十七日、天晴、辛卯、

一、御服要脚傳奏催促候也、

○コノ間缺損アルベシ、以下廿七日條ニカカルカ、

（21オ）

一、海住山（高清）御袍ネラセテトテ被出候、前官務裝束事出來候、

一、二階堂（政行）被官三富大宅里棟別事申之、奉書案文、

一、大將御拜賀要脚山科大宅里棟別事、一宇別百文宛嚴密相懸之、來月三日以前可被究濟、若有難澁之族者、爲被處罪科、可被注申交名之由、被仰出候也、仍執達如件

文明十八

六月廿六日　（松田）長秀在判

（中澤）之綱在判

（飯尾）宗勝在判

（二階堂）政行在判

山科家雜掌

十〔廿ヵ〕八日、晴、夕雨、

（21ウ）

□〔一、〕□上候、御地子七百文、むきこ一袋持來候、」□んわき一出之、これまて

二、

一、□夜これ□つえの方おかたかせと仕ひつけ也、

一、三郎ひやう□もんのかわこ二、今日下候也、二郎九郎もたせ候て下、

番衆

一、番衆二人上候、野口いや四郎、三郎兵衛代、

一、豊筑（統秋）州夕飯めをさき汁、

山科各郷樹木を進ず
檜

一、今夕竹あミ上候、大塚（二百文）五本、南木辻（百文）四本、西山（二百）四本、花山十一本、野村（二百）八本、御陵（二百）六本、上野三本、安祥寺（二百）七本、音羽（二百）八本、各檜也、一貫三百文取之、木數五十六本、

政所

廿九日
一、政所ちくさ、きたとの、ちくさ、

廿九日事
一、しは一か、かたに今日、殘あるへし、なわ四十ハ、

大工

廿九日事
一、大工一人、御かま此間所のけまいらせ候也、」

（22オ）

文明十八　七月一日、晴、甲辰、

せいはん一か、せんさう坊一か明年、

山科東庄より柱藁等上る

一、自東庄(山科大宅郷)柱五□かま一、にか竹二か、わら二丸、代二百文、

文書皮籠唐櫃を預く

一、御文書かわこ一、御出仕候、唐櫃一、三郎ひやうへ所預也、もろ共入道と中ものなり、

一、佐渡守・坂田方(資友)・中書(頼久)・高橋礼出來也、

一、野口弥四郎　禁裏御門シユ柿被止候、申返しうり十持來也、

番衆

一、番衆三郎兵衞代野口弥四郎、

二日、晴、小雨、乙巳、

山科東庄より竹を徴す

一、自東庄竹三か百文宛分、

山科東庄棟別錢事禁裏御服要脚事山科家所々不知行地の事につき幕府奉行人を訪ふ

(二)□今朝予□庄棟別事行、御服御要脚事清備州(秀數)・□民部大夫(齋藤基紀)、□服御要脚事、□御ふミ候也、かな、飯尾肥州所(爲脩)□油小路之地、河内、岩崎借錢事申之也、」(22ウ)今日□□北方へうつし、民部□いわゐ目出度也、

(一)□□、又四郎上□、

禁裏御服所萩屋兄部職補任状案

一、萩屋兄部職補任候也、案文、

宛行　禁裏御服所萩屋兄部職事、

芝綷屋藤原阿茶女を補任
文明六年宛状旨に任ず寮役

右於件職者、芝綷屋藤原阿茶女仁所令補任也、先度布施新四郎方雖申請候、無正躰之上者、任去文明六年宛状之旨、存知之有限寮役等、可被全其沙汰之状、如件

文明十八年六月廿日　　内藏寮目代
重致（大澤）在判

鯉を貰ふ

一、三富鯉魚二くれ候也、□水田宮地与一參也、

一、禁裏ヨリミイロ木貳クミ、本所（山科言國）へまいらせられ候也、一くミに十六宛、」

三日、晴、丙午、

（23オ）

山科東庄より竹縄を徴す

一、自東庄竹三か一か百文宛、なわ昨日今日十一束、たる一、

禁裏御服要脚催促

一、今朝吉田民部大輔（兼致）御服事催促申處、御臺不可有御存知之由候也、次傳奏（勧修寺教秀）へも申候也、

方違

一、今夕弥六へ予方タカイ、明日別座敷うつる間、

四日、晴、丁未、

山科東庄より地子及び竹を徴す
壁塗り

一、自東庄たる一か、地子代二百文、竹三か、二郎九郎上候、今日ハ東庄もの二人つかい候、かへぬり一人、百文取之、

けんすい、大工一人、

今夕ヲクノ座□ミウツルイワ井、彦兵衛（大澤重致）新作へウツル、予□候也、」

殿上人檜扇木地代下行

番衆

近江國菅浦庄小麥代納入さる

柿澁大皮籠

小川坊城俊名供御人雜務料取る

貞助折紙案

法性寺口竹田口雜務料供御人諸役免除

（23ウ）

五日、天晴、戊申、

一、予甘露寺殿(親長)參之、今度大將(足利義尚)御拜賀之本所□□(宰相カ)にて御座候キカナハシチ尋出候由、拜賀ニハ可用之由被仰、甘露寺殿上故もカリキ持之由候也、彦兵衛ハ所々催促、

一、てんしよう人御ひあふき木ち六十文下行、二階堂(政行)料也、

六日、天晴、己酉、

一、番衆藤二郎はくいや四郎、

一、菅浦(近江國淺井郡)小麥代二貫五百文、此内五百文大夫殿供物す□也、二百文さうめん、

一、大原如高庵出來候、

一、かきしふ出之、今日つき候、大かわこ□出來候也、

（24オ）

一、中條柳一か・はむ十、はなた使候也、

一、小川坊城殿(俊名)雜務料七月之中十日取之、供御人違亂之間申之、折帋出之候也、九條石井方へ、

一、法性寺口幷竹田口雜務料之供御人事者、諸役免除之間、其分たるへく候、供御人之段無相違候者、免除たるへく候也、恐々謹言

七月五日　　貞助在判

石井美作守

石井美作守殿

七日、天晴、庚戌、

番衆

一、番衆兵衛九郎、山カイいや大郎、

禁裏立花に召さる

一、禁裏今日以予花ニ被召候也、七瓶立之、二十貫文□納、五貫文中條かし候也、四貫文かり、

八日、天晴、辛亥、

宮地與一

（24ウ）

一、宮地与一十疋持來候、五貫文四文子かり候也、酒候也、

一、四手井四宮河原彈正、上野、侍從五十疋持來候、酒候也、ツイ地之事、

棟別錢

一、安祥寺セン四宮彈正、上野棟別事三十疋礼、酒候也、

大澤重致家棟上祝

一、今朝彦兵衛方棟上、大工三十疋イワイ、本所（山科言國）酒參候也、南洞院（房實）仁王經此方ニテモ被遊候也、

番衆

一、番衆三郎兵ニ代左衞門九郎、

大澤久守金子借用狀案

借用申　料足事

合五貫文者

毎月貫別四十文利平を加ふ備中國水田郷年貢にて辨濟

右料足者、毎月貫別四十文宛加利平、以水田郷（備中國英賀郡）公用之內可返弁申候、仍爲後日狀如件

文明十八年七月九日　久守判

（25オ）

九日、天晴、壬子、

番衆

一、番衆藤二郎、山カイノ中務、

二階堂政行飯尾爲脩を訪ふ

一、二階堂へ予行、三富所へ行、飯尾肥州（爲脩）へ行、ヒキツ礼なり、

十日、天晴、癸丑、

海住山高清の袍を裁つ

一、海住山殿（高清）御袍タチ候て進之也、

河嶋郷正榮來る

一、河嶋正榮出來候、同孫九郎ゆつけにて歸候也、

大工

一、今日大工一人南御座敷四間ナシ□、

一、五十嵐〔　　〕返事色〻申之、

番衆

一、番衆いや四郎《ハく》・いや九郎、

（25ウ）

□□□（十一日）、〔　　〕

番衆

一、番衆いや九郎ちふか子、

一、五百文〔　　〕ニかり候、三百文三郎兵衞同子七郎さへもん十文宛、殘ハ□百文、す

深草竹

かのうらの裏殘一貫文、ふかくさ竹、

岩崎平左衛門尉預狀につき伊勢貞宗使あり

一、岩崎方預狀事、勢州（伊勢貞宗）三上使候也、

山科花山鄕民棟別錢事につき來る

一、花山・北花山・下花山棟別事ニ出來候、

一、二階堂へ予行、柳一か・ス、キ五、對面、酒候、色〻物取被申候也、

十二日、晴、乙卯、

一、法住寺殿百七十文下行、

番衆

一、番衆彦大郎・二郎三郎、

一、大工二人、□飯尾肥州・田村出來候也、」

十三日、晴、丙辰、

（26オ）

月例念佛

一、御念佛如例候也、

番衆

一、番衆三郎兵衛代井下明心子、

法住寺殿代參
建仁寺は不參
六道へ參る

一、法住寺殿御代官ニ予參、同東庄へ下、ケニシへハマイラス、六道へハ參候也、おとな酒くれ候也、則上候也、カウノツシノスキ、本所クキヌキノ用ニナヲシ候也、大工下ヲカヒキ、イソク間ユナシ、

足利義政女

一、東山殿（足利義政）ヒメ御料人御出候也、

上町鯖を出す

一、上町さは廿六さし、

米屋水向ケノ米

一、米屋ヨリ水ムケノ米出之、

十四日、晴、丁巳、

一、大工一人、

番衆

(26ウ)

一、番衆□さへもん、右馬かひ也、

笠袋化粧革

一、御里□出來、出仕、御笠袋之ケシヤウカワノ事尋之、同御文キリノタウ三宛、

一、今度御装承候方々、中山殿(宣親)御したて、アネカ小路殿(基綱)・東坊城殿(和長)、中條皆具候、二階堂・飯尾新左中間、直垂貳具候、町殿大帷、

十五日、天晴、戊午、

本供米

一、本所マイル、東庄ミナコ五三ツ入之、野口六五入、ホンクマイ米野口ヨリ納之、

一、永壽院御出、御キヤウ御時、布施五十文下、アナ□、アミタキヤウクマ兩人十文、

水向け

一、水むけ候て後はすのはの飯、御いわゐ候也、

團扇

一、南洞院ヨリ給候うちハ、飯尾三郎左衞門方ニ出之、

番衆

(27オ)

一、番衆兵衞九郎・井下さへもん、

結城七郎宅燈籠について喧嘩あり

一、今夕ユウキ七郎方ニトウロニケンクワ、細川殿方一人打候也、

十六日、天晴、己未、

一、千阿ミ御時、

山科東庄小野竹公事錢納入さる

一、自東庄小野竹公事錢一貫貳百文上候、下ニあきたるこしき、御ゐいはこ二、大たく寺へ下之申也、

大工釘拔沙汰

一、大工一人クキヌキサタ、

番衆

一、番衆三郎兵衞代小南中務子、

〔十〕□七日、晴、庚(申)□、

□ホウコウミ入□下袴布也、未出來候也、

□袍帷袖單下□裾出來候て遣之、」

十八日、晴、辛酉、

(27ウ)

日野政資に禁裏御服要脚事を申入る

御倉

一、今日予町殿《(廣光)》・飯尾肥州《(爲脩)》・吉田民部大輔《(兼致)》所ニて酒・干飯・ウリ候、今日日野殿《(政資)》禁裏御服要脚事申之、其次勧修寺殿《(教秀)》參、三富留守也、今朝彦兵衞《(大澤重致)》御倉行也、

山科大宅大塚郷棟別を注す

一、今日大宅里・大塚郷棟別しるさせ候也、竹阿ミ政所、

棟五十、庵此外八、廿三アノ大塚郷、大塚郷ハ五十嵐・竹阿ミ・泉藏坊、

番衆

一、番衆はく大郎左衞門、右馬子、

一、大工一人、おかひき一人、

十九日、晴、壬戌、

一、大工二人、

番衆

一、番衆五十嵐、おくのひこ二郎、

廿日、晴、雨下、癸亥、

山科大塚大宅郷棟別錢納む

（28オ）

一、棟別事大塚郷一貫三百文今日納、大宅二貫文、榧二・ひたい三・こふ、道林入道・三郎ひやうへ・はく大郎さへもん・二郎九郎、ちまき・酒、

一、大工一人、ひやく一人、百十文、なしらす、

一、たかなか一人、

番衆

一、番衆兵衞九郎・弥大郎、

方違

一、御門之用本、御方たかへ、御小者竹若所へ、

廿一日、晴、□、甲子、

一、御□れ候也、大工二人五十疋取之、

（28ウ）

□やう庵やき米袋一給候也、

禁裏御服要脚渡さる

一、御服要脚五百疋被渡之、

備前國居都上村年貢錢上る

一、五貫文居都上村（備前國上道郡）御公用、源六上也、

番衆

築地普請

藤堂左衛門大夫の子

山科東庄新米を納む

御服要脚事幕府奉行人と傳奏に申入る

番衆

朽木中將

一、番衆三郎兵衞・井下さへもん、人夫今日二人、

廿二日、晴、乙丑、

一、ツイ地ツク、一人三百五十文宛也、二人也、大工一人四郎おと、、、

一、藤堂左衛門大夫子出仕、色〻出來候て尋候也、

一、番衆、

一、本所花山院(政長)今度御拜賀之儀被尋之料御出候也、桶一・塩引一尺色〻被尋也、

(29オ)

廿三日、天晴、丙寅、

一、大工二人、

一、自東庄新米二斗七升納、目出度、、、、

一、予淸(秀數)備中・二階堂・傳奏參、御服要脚遲〻事、堅申之、

一、番衆野口弥四郎・おくの兵衞、

(廿四)□□日、晴、丁卯、

一、朽木中將殿ふなのすし五給候也、

□御ふ□倉納候也、又六貫文納、合五十貫文也、

□五十嵐□井下□

山科東庄棟別銭事

番衆

山科野村西山郷と四宮河原を返付さる幕府奉行人連署奉書案

足利義尚大将拝賀供奉による

（29ウ）

□□（廿五）日、天晴、□、

一、東庄□今度棟別事ニ榧壹、もく一器□被上□也、

一、番衆□九郎、三郎五郎、

一、今日野村・西山・四宮河原三ケ所、

山城國山科野村・西山兩郷、同四宮河原田地等事、大將（足利義尚）御拝賀供奉之間、任證文之旨被返付訖、於子細者追而可有糺明之由、被仰出候也、仍執達如件

文明十八
七月廿五日　（飯尾）兼連判
　　　　　　（飯尾）爲修判

山科家雜掌
」

○以下コノ月缺損、

〔八　月〕

○一―廿一日缺損、以下廿二日條ニカカル、

山科家塀覆普請

（30オ）

一、ヘイノヲ、イ又ツ、リトモフシン候也、

山科鄉民來る山の事
禁裏御服要脚未だ下されず
參內學問所に花を立つ
御服要脚催促
禁裏へ木獻上
珠光來る
土一揆蜂起諸道具箱を山科東庄へ避難さす
阿彌陀繪

廿三日、晴、乙未、
一、養供庵茶十袋被持來候、粺にて酒、
一、三郎兵衛・七郎左衛門・山カイノ左衛門、こふ・するめ・椎持來候也、七郎左衛門山ノ事申之、
酒のませ歸候也、
一、四宮之者二十疋持來候、酒ニて歸候也、
一、清備(秀數)中入道使ニ松岡出來候、酒のませ候、御服要脚未下事也、
一、禁裏予花立ニ參內、御學文所二瓶立之、」

(30ウ)

廿四日、天晴、丙申、
一、清備中□今日催促候也、
一、禁裏被仰□ミの木、東庄より數二十三ほん上候、此外うすき五六本則被參也、
一、殊(珠)光坊出來候、酒まいらせ候也、
廿五日、晴、丁酉、
一、過夜土一揆出張之由申之、下燒候也、カネヲツク、然間東庄へ下、色々すミあかのはこ一本
所候也、あかうるしのはこ一、なんはとのゝかわこ貳一ハ御ふく、一ハ色々、たちゐほし六かく之雜色也、
あミた一ふく、大たくすいらんのゆ候、

番衆

一、番衆五十嵐・藤二郎、」

（31オ）

廿六日、晴、戊戌、

一、御僧二人永壽院也、御布施三十疋宛、居都（備前國上道郡）御僧二人、時マイル也、

番衆

一、番衆兵衛九郎・三郎兵衛代五十嵐、貳百文米代上候也、

土一揆上下京に放火

一、過夜下兩所燒、上兩所燒、土一蜂（揆）如此沙汰候也、

廿七日、天晴、己亥、

足利義政室日野富子を訪ふ

一、東山殿（足利義政）京御臺（日野富子）御所へ御成候也、

一、勘解由少路（斯波義敏）三位殿參候、酒被下候、

土一揆北野放火
幕府細川政元に鎮壓を命ず

一、過夜下土一□燒、北野ヲモヤク、今日公方より細川殿ハラウヘキ之由被仰出候也、

一、番衆五十嵐・藤二郎三百文借錢持上也、」

（31ウ）

廿八日、晴、庚子、

三條修理大夫

一、三條修理大夫方へ石法師事に彦兵衛遣也、

番衆

一、番衆兵衛□、三郎兵衛代、

一、窪田藤兵衛方夕飯候也、

飯尾爲脩同爲修を訪ふ

一、飯尾肥州（爲脩）・同三郎（爲修）左衛門入道方へ予行、

廿九日、雨降、辛丑、

薬

一、飯尾三郎左衛門方薬事ニ予行也、

一、自東庄人夫一人上候、四郎御ふく用候也、

卅日、雨降、壬寅、」

山科東庄岩屋社大般若會料蠟燭及び紙等を下行

（32オ）

一、東岩屋大般若料、ラウソク二張〔挺〕・杉原廿三・雑帋一帖・茶貳袋代雑事酒まて、三十疋下行、今日下、來月二日、

命久丸

一、あふミさいのかたより人上候、かミ下、命久丸五十丸・栗少代下候也、使ニ少遣也、

應神天皇故事

一、ともゆかけハおうしんてんわうの御うてにあり、拾決、それよりはしまる、のりゆミに入候、

町代

一、町代五十文、

一、米八石五斗五升七合、此内かい米右（マヽ）一石一斗九升四合、代一貫八百文也、入目六石八斗三升五合、殘一石七斗二升二合、

一、壹貫九百廿五文入立者也、

二貫七百廿五文、」

（32ウ）

文明十八年九月一日、雨降、癸卯、

朔日祝

一、御祝如例、坂田方（資友）・同式部方（資治）・中書（頼久）出來也、

一、飯尾三郎（爲修）左衞門方使候也、

二日、雨下、甲辰、

景亖楠葉より上洛

一、ケイタンクスハヨリシヤウラク、

一宮刑部

一、今朝一宮刑部方出來也、十疋持來也、一宮入道方狀候、ふしかつほ百、同周防狀候、弓二張、

梅干

一、御供二前上候、梅干貳百六十上候也、

石清水八幡宮鳴動閉籠衆切腹

一、八幡兩度メイトウ、ヘイロウノ人、弓矢□內ニテ死去、ハラヲキルハシメ、言語道斷次第也、

三日、晴、乙巳、

大風八幡宮神靈東寺に飛移るが如し

一、過夜大風所〻吹破候也、八幡トウシノ八幡御トヒノ樣ニ、」

○コノ間缺損アリ、

（33オ）

七日、曇、小雨、己酉、

山科東庄餅米を上る

一、自東庄モチイ米七□上也、九百文用也、弥六上候、七鄕心へ申之、より□いの□候也、

幕府使あり山科野村西山両郷と四宮河原返付の事

八日、晴、庚戌、
一、今夕五時、三ヶ度室町殿御使在之、飯尾新左衛門（爲忠）被召大貳彈正方ニテ、野村・西山・四宮河原、山科家へ被付返候、□□□□（御奉書可）出之由候也、目出度、、、、半分可爲御預所□返之、」

（33ウ）
一、本禪寺智恵子御時申之、

禁裏立花に召さるるも參內せず

一、今日自　禁裏□（立カ）花之御用ニ予被召候、不參候也、
一、□波屋代三百文、栗出之、

重陽祝

九日、晴、辛亥、
一、御祝如例、アカイ□酒候也、
一、自東庄栗かこ上之、
一、本所春日同三□八嶋へアカイ、、參候也、
一、南洞院（房實）出□給之、」

○コノ間缺損、以下十日條ニカカル、

山科七鄉木を出す河原者

（34オ）
一、安禪寺殿一□一升六合、藤二郎一升、西林院一□□□、一升兵部卿、
一、七鄉より木廿本今日參候也、河原者ニ三百文鄉中より、
十一日、晴、癸丑、

土一揆蜂起

一、又土一蜂〔揆〕沙汰、御番上候、七郎さへもん・兵衛九郎、

一、東山殿御局へ本所・御料人（山科言國・定言）御出候、御こしかき《卅文》二人、此方より御たる一、代百五十文、もちい五十・栗一盆、又御女房一器、又一籠いつもの寺家殿、御料人一籠被持也、

參內

花を立つ

一、禁裏予花立□內候、三瓶立之、

一、飯尾肥州（爲脩）栗粉⿰米并遣之、もちい六十、栗一盆、

十二日、晴、甲寅、

一、法住寺十疋下行、

一、飯尾三郎左衞門・十乘坊出來、栗粉⿰米并酒候也、窪田方出來也、各もちいまいらせ候也、

十三日、朝晴、雨降、乙卯、

一、昨日能谷□ニ栗くれ候也、

月例念佛

一、如例御念佛候也、長講堂無供御候間、本所□也、

（34ウ）

細川政元軍勢土一揆鎮壓に発向

東寺炎上

御影堂燒殘る

一、細川方手ニテ土一揆秡（マヽ）之由也、東寺ヤケ候、御影堂堂ハカリノコル、各ヤケ候也、言語道斷之事也、

十四日、天晴、丙辰、

一、御ちの人、米一斗八□也、

一、御乳人、米貳斗、又百文、命久丸、合六百□、今日以上五斗也、

一宮刑部少輔

一、一宮刑部少輔よひ候て、粟粉粐·のし酒·あふき一本遣之、入道ニハあふき二本二十疋、周防守ゆミつる十張二十疋也、今日御返事遣之、

一、今日けいりう對面、けいたんのち□く也、十疋持來候也、もちいさけニて歸候也、□
□十疋候歟、

○以下コノ月缺損、

〔十二月〕

○一―十四日缺損、

十五日、晴、丙戌、

（35オ）

小袖

一、彦兵方へ予小袖面新ヲ遣也、

一、永壽院御時、本所（山科言國）より先日礼ニ扇·杉原十帖被遣也、

十六日、過夜雪下、晴、丁亥、

一、千阿御時マイル、

綿

干魚

山科野村郷返附の奉行人奉書飯尾爲脩執筆

判物

飯尾爲脩及び甘露寺親長を訪ふ

禁裏百日御連歌終功

一、わた本所二十め、御方(言國室)・御料(山科定言)人御四人各十文め宛、予廿め、彦三郎十文め、

一、三郎兵衞椢一・ひう□(をカ)一連・こふ持來候、子まうけ候礼歟、

一、今日御文所(マヽ)かわこ三上□ひやうへ所候也、

十七日、晴、戊子、

(35ウ)

一、□上候也、

一、□□(飯尾カ)肥州ニ昨日野村・西山御□書之由也、歡樂之由被申歟、其由使渡達候□礼向候也、

一、九郎二郎方今夕御判物六通渡候也、

十八日、晴、己丑、

一、小谷坊主出來候也、

一、今朝飯尾肥州へ行、甘露寺(親長)殿へ行、

一、道德トノ子茶廿袋、酒ニテ返候也、

十九日、晴、庚寅、

一、禁裏御連歌百日、今日はつ、十疋宛被持也、

○以下コノ月缺損、

〔長享二年〕　○原表紙缺ク、原寸縦二七糎、横二二糎、

大澤久守記

（柳原紀光後補表紙、上書）
「長享二年雜記　四季　十二月之季朽損」

（1オ）

長享貳年正月一日、天晴、丙寅、

弓始め

□御弓始今日、目出度、、、、

□御帶被下候、御礼御帶・雜帋一束、

一、彥四郎十疋持來候、酒候、二十疋・扇一本、

一、五十嵐方被上候、串柿持來候也、

山科家元旦祝

一、祝候、御サカツキ御前イタヽク、本所（山科言國）、御方（定言）、上様（言國室、高倉永繼女）、

山科家家人彥二郎の子竹若丸元服

一、今日竹壽丸元服九歳、吉日吉時、土御門（有宣）三位注進候也、

吉時午、吉方辰巳、本所御座敷南向四間、先葛蓋ニ本所御立エホシ、ユスリツキハライノ中ニ

櫛

引合一重、クシ二マイ、トキクシ・ヒンクシ、ナシチニ文、カメノコウカウカイ、コモトユイ、

三尺五寸、タカウナカタナ、各ハライニ入テヲク、マツヲク、次本所御出、次竹壽丸出候、次

理髪次第

（1ウ）

久守出テフタヲヒキ」ヨセ、ハライヲトリイタシヒロク、次ユスリツキヒキヨセ、カミヲヌキアケ、ヒンクシ・トキクシニテナツルヨシ、次ニコモトユイニテユイアケテ、カミサキカミヨリニテ左右カタワナニユテ、次カミサキ上ヘヲリカヘシ、タカウナ刀ニテハヤス也、其カミサキ引合ニテツヽミ、ハライノ下ヘヲシカクス、次ニヒンクシニテヲシナテ、各ハ

装束略式

ライニ入テツヽミ、ヒンクシ・カウカイハ入ス、フタニ入テノチ、本所御エホシトリウチカケ、クシ・カウカイヲアテラル、又シノリヤウノ手ニテカヽヘ、二拝、タイ出也、次色ミテツス、次本所御立候也、本所御ヒタヽレ、竹壽丸同、久守上下也、各カリキヌ・スイカンシカルヘシ、今度ハ毎事リヤクキ也、ヲリエホシキ、サヤマキサシ、御太刀金進上候、次ニ予、次彦□太刀、次御方ヘ彦二郎進

加冠言國
理髪大澤久守

上、三献在之、明日各ヘ□酒アルヘシ、カクワン本所、リハツ久守分也、」

（2オ）

一、彦□方ニテ一献在之、予二十疋持行、御乳ニ百疋、弥□□〔ミ〕代十疋、

一、式部（坂田資友）方扇一本被持候、

粟餅

一、中（頼久）書粟餅給之、

一、クマヒシヤモンキヤウ十文、

四方拝

一、四方拝在之、朝餉在之、御こわ今日計在之、

二日、過夜雪薄積、天晴、丁卯、

禁裏より大鯛を賜はる

一、禁裏(後土御門天皇)ヨリ御クハリ大タイ一參、御使酒候也、

一、御服御カラヒツ、供御・酒マイル、」

(2ウ)

一、彦二郎祝ニ公方私ニ今朝〻飯・大酒・御シル三本ニ御マワリ三、二前三、三前キ、三前キ、中書女フクシュ被持來候、御乳人こふ、子ニアフキ一本、御方ヨリ坂田(資治)方留守へも智阿ミ・トシヨリ中間共女、弥六右衛門ニ、

一、御雜色彦二郎十疋持來候、酒候、十疋扇一本遣之、今日彦右衛門ニ申沙汰候也、目出度、〻〻、

一、東庄(山科大宅郷)飯肥(飯尾爲脩)・小南中務所ニ今日小榧一フクシュ・炭廿本・大原木二束下、御コト上候也、

鏡祝

一、今夕御カ、ミ御イワイ、本所御カ、ミ一・カンシ一・ネフカ一・アイキヤウ一ツ、ミ候也、大夫殿・少納言女・五位・御乳人又御乳マイル、

□買□始、町代ニテコフ三貫、カチクリ三貫、タワラ三貫、酒三十□貫、ヲケトリ十貫トラス、此酒カ、ミイワイニナル、

一、大カ、ミ五、予・彦兵衛・同ウチ・彦二郎・ヒメコせ、予カヲハウハトル、」

(3オ)

□チクリ十・クシカキ十・カンシ一・大コン一、兵衛方ニテ入道□カ、ミ一トル、タコニテ有酒之、

三日、晴、戊辰、

三日祝

山科大宅郷山守衆來る

興米

米搗初

山科東庄家別餅豆を徴す

一、御祝在之、次御飯在之、目出度、、、、

四日、晴、己巳、

一、野村弥四郎御かゝみ四前持參候也、持來人夫あふき一本、

一、大宅山守衆今日出來候、五人十疋欤、三郎兵衛・同子七郎さへもん十疋宛、各ハ彦兵衛方へ

其内二十疋出之、今日十人也、」

(3ウ)一、彦次郎元服礼三十疋出之、彦兵衛方へ二十疋出之、彦兵衛・彦二郎對面、さかな酒候也、

一、御里へ鯛一懸・ノシ百本・柳一荷被遣候也、ほり川五十文給候也、

一、高橋方おこしこめ五合もとハ十合候也、はち小はなひら入候て遣之、使はなひら一かさね給候、

一、今日米つきそめ、はなひら二かさねすけ出之、

一、弥六・右衛門東庄へ今朝下、今夕上候、大宅里ハ家一間ニもちい廿まい、まめ納一升宛、代

ハ五十文也、山口ト申、なきの辻ハ一間ニはなひら十まい、代十文也、

今日ハもちい四百八十まい、三百八十まい上候、代ハ六百文之内五十文泉藏、五十文七郎

さへもん、五十文政所へ、以上下行、大豆□〔二〕斗六升納上候也、

又き□西五間、又十間分出之、殘ハシユライニナル、」

(4オ)一、□七日御ミやけとて此もちい五十まい、まめ五合□女今日マイラス、彦兵衛方もち

い三十まい遣之、
一、御供六前七日のそうすいニなる、な一か上候也、人夫三人、

言國室へ帯贈る
一、上様へ御帯、御返事ニ帯一筋・きくかミ一束今日まいらせ候也、
五日、晴、庚午、

大工
一、御大工出來候、酒、あふき二本、

馬場四郎兵衛
一、馬場四郎兵衛十疋持來候、先飯、後對面、さかな酒、あふき一本、彦二郎元服十疋、

松崎掃部助弟
一、松崎掃部助おと丶な一いかき、あふき一本、
一、本所今朝ミ飯如例、
（4ウ）
一、はなひら二百まいほし候也、せうとのにて候、

古川筑後守
一、古川筑後守方な六束被上候、扇一本、使餅酒候也、
一、いや六右衛門之礼ニ大なるこい一くれ候也、

油賣商人來る
一、あふらうりあふき一本遣之、今日出來候也、　鶉《ウツラ》

斯波義敏より鶉を給ふ
一、勘解由小路三位殿ヨリ鯨（マヽ）一折十五給候、畏入之由申候、今夕自是二尺計鯉一進候也、ウツラハ彦兵衛方へ遣、

大雨
六日、過夜大雨、晴、辛未、

一、七郎さへもん・せんさうはう兩人してしはかたニ、

若菜

一、野口ミなこ六上候、三郎ひやうへ若菜一か、兵衞九郎一か、七郎さへもんわかな一か、政所わかな一か・ミなこ五上候、本所へ參候、

一、□ほうりあふき一本、今夕東庄ヨリ人夫一人上候、

一、□場方本誓寺礼行、」

（5オ）

一、本所御はりそめ、おこ五文、ほり川五文、はなひら二かさね取之、

一、井上□まくらつゝみ出之、

一、西阿ミ久喜持來候、酒、あふき一本、

一、かわらけうり三とあい、大ちう小ちう出之、あふき一本、廿文にてかわらけかう、

七日、晴、壬申、

山科東庄下向

一、ソウスイ、ワイテ東庄へ下、供衞門・与三郎・石法師・千松・彦三郎、五條マテ馬、山守五人、馬場四郎兵衞先東庄ユカケ、次政所ニテカン、次餅、次御宮參候、下向シテ朝飯候、飯尾肥州へ内者三人遣之、次肥州へ行、大津榼一・タコ二・コフ・御カヽミ餅遣之、次大澤寺へ二十疋

飯尾爲脩同道

（5ウ）

持行、次風呂、肥州同道候也、次五人御かゝみいわゐ候也、」次おとな酒候也、次肥州出來候、

おとな

さかなニて酒候也、

一、大澤寺茶一器、十疋被持候、あふき一本進之、
一、養供十疋被持候、扇一本、景リウ出來候、扇一本、
一、茶屋衞門キ一ヲシキ・扇一本、ヤウせイ出來、扇一本、
一、泉藏坊十疋持候、扇一本、
味噌水
一、今夕クキミソウツ、政所南屋宿候也、
馬藁
一、肥州へ馬ワラ十疋分七丸遣之、
八日、過夜雨、晴、癸酉、
一、西林庵・慶正庵十疋宛被持候、西中庵茶五袋、
一、□ン十疋被持候、扇一本・コホウ十疋・扇一本、
（6オ）
□み一、大ハンニヤノ用、二ハル百キレ、五十嵐方アツク、一ハ□日カユノハシラ、
一、野口カヽミ一、ヒシ二、ハナヒラ三、彦兵衞方へ、
□ヒシ一、ハナヒラ一、大夫殿・五位・御乳野口大ハナヒ〔ラ脱カ〕一、小ハナヒラ二宛、□納言殿ヒシ一、小ハナヒラ二、彦三郎野口カヽミ一、難波殿同、彦四郎野口大ハナヒラ二、衞門大はなひら一・かゝミはなひら一、与三郎かゝみのはなひら一・大はなひら二、弥三郎二、ちくひし一、ほり川おこ、つるいしあま、大はなひら一宛、かもん方ひし二、うはかゝミのはなひら一、入

道ひし一、いからしはなひら一・ひし一、小四郎あま二、山口はなひら十五六、さへもん殿、
同式部殿、

壇供打札

一、永壽院御時、タンク打札巻一枝給候也、
一、昨夕タン藏主上洛候也、

元結

一、本所御モトユイ御トリ、
一、御里ヨリ御カヽミ参候也、」（6ウ）

九日、晴、甲戌、

一、備門所ニもちほさせ候、あかきわりひし七十、白きわりもちい五十、はなひら五十、

石法師近江國鯰江庄へ下向

一、石法師今夕東庄下、明日なまつへ（近江國愛智郡）、下、

十日、晴、乙亥、

一、河嶋弥九郎十疋持來候也、餅三十、酒、あふき、

參内
御學問所に花を立つ

一、禁裏花ニ予參候、御學文所棚上、心ヒハ、右梅、前杉・ヒヤクシユン、下草、御前花心松、左前又小松、右ワウハイ・センマイ、左キンセンクワ、黒戸心梅カフ、左前ヒノキ、□前スイせン花、葉三、其左フキノタウ・キンセンクワ、」（7オ）小御所心松、左松カフ、枝ナカク出之、右紅梅、枝下フキノタウ、キンセン花、アカミトリ下草、御扇被下候也、

小御所にも花を立つ

斯波義敏

一、カチノ弥二郎出來候、扇一本、高橋方留守ニテ歸候也、勘解由小路入道殿參候、御酒ニテ候間、申罷歸候也、ヒキ田イシヨキ所へ礼ニ行、
一、弥三郎左近ニなし候礼ニ鯛一懸・酒餅候也、
一、備門女大根くれ候也、窪田方礼ニ出來候也、
一、宗鏡出來候、酒候也、
一、シユンミつから鐘候、小か丶み一遣之、」

雪積る

(7ウ)
十一日、過夜雪下積、天晴、丙子、
一、備門江州より上候、

御供

牛王

一、自東庄御供四前、六月用ニほう、御か丶み十三まい上候、御宮より牛玉二本、御トミナキノ枝、御か丶み一まい、かんし本所へまいる、牛玉ハこなたニ一本、使廿文、

禁裏若衆
亀大夫

一、禁裏若衆御申御沙汰代三十疋、かわらけの物一小鳥、コサシ、御銚子提物六十四文、カメ大夫ウタウ、
一、備門町へ行、八十文上、廿文下、いわゐ候也、
一、難波殿御トシヨリ一銚子・二色給候、今夕御か丶み二・カンシ□ケキヤウ二、クリ、小ユトウ一進候也、
十二日、晴、丁丑、

斯波義敏邸へ行く立花

石法師鯖江庄より帰洛

雪積る

紅屋

山科庄民三毬丁竹納む

美濃國革手武方郷久徳仁木郷

一、勘解由小路殿參、谷川花立候、酒候也、二献候也、」

(8オ)

□のとのへ見參申候也、

□石法師なまつへより上候、柏二袋上候也、

　十三日、晴、戊寅、

一、覃藏主今朝御汁沙汰候也、

　十四日、過夜雪降、七八寸積、己卯、

一、へに屋にわう三十疋持來候、茶十袋兵衞方へ酒候也、

一、松崎掃部助方久喜一桶、入物かゝみ一、使一い、酒候也、」

(8ウ)

一、三毬丁竹七郎左衞門十かと、泉藏坊せイハン十カト、七郎さへもんしは二か、ひこ大郎かたにしは一か、政所・泉藏坊一か、

一、予今日はりそめ、ほり川はなひら、白かたひらなり、代五文、

一、三郎兵衞五十かとしは一かニわら一丸、

一、かゆのはしらハそとの女はうまてとる、

　禁裏御三毬丁十本參候也、本所六かと、又一かと候、

一、濃州より竹阿ミ上候、革手・武方無爲渡之由候也、久徳・二木事候也、和田二十疋狀候、吉田

方五疋也、丹波薄白上十束、五束本所、五束私取之、私へ百疋、彦兵衛帋一束トラせ候也、

十五日、晴、庚辰、」

三毬丁

（9オ）一、今朝三毬丁ハヤス也、次御カユ、福田院・永壽院各ヒキ茶一器、下部兩人十疋宛、扇一本、下部同前候、栖雲寺僧道へウ時カユ、

大般若經

一、大般若經一部東岩屋ニて今日在之、

十六日、晴、辛巳、

一、千阿御時、ヒキチヤ一器、あふき一本、

一、永壽院巻數色々給候也、

唐納豆

一、南洞院（房實）唐納豆三袋持來候也、酒候也、

一、豐筑（統秋）州出來候也、

飯尾爲弘

一、飯尾二郎（爲弘）左衛門方、同筑前入道、僧同道、餅酒色々申之、」

梅枝

（9ウ）一、彦三郎御僧出來候、十疋ヒキ茶、梅枝被持候、餅酒・扇一本遣之、三位殿梅、本庄三郎ゑもん・存阿ミ遣候、梅枝事たまる上候、ミやけおこし、

十七日、過夜雨下、天晴、時々小雨、壬午、

一、東庄ヨリ梅枝・米上候、八百六十四文、三斗七升、

唐納豆供御人

商賣札

薄白

三毬丁

言國參內
斯波義敏見物

牛王

一、唐納豆供御人岡崎美作法眼、南洞院御取次、

面
内藏寮唐
納豆供御人

裏
文明十三　五
判

一、野村鄕より去年立松うり殘物事申之、

十八日、晴、癸未、

（10オ）

一、南洞院扇一本・ウスシロ一帖進之、御歸候也、

一、禁裏御三毬丁一本マイル、竹東庄ヨ〔リ脱カ〕、ワラ二百文分、人夫三人上候也、ヒノ木ノ葉上候也、今夕一ノ御三毬丁ノ由、人ゝ申候也、本所御參候也、〔斯波義敏〕三位入道見物候也、三毬丁仕候者共、酒ノマスル也、扇付候也、

一、御カユ、牛玉ヲシ候也、同名カモンノ助、

一、難波方御陣へ被下候、豐筑州同道候、

十九日、晴、甲申、

（10ウ）

一、鳥屋ヨリ鳥一出之、衞門取之、出來候也、

一、坂田方女ク、タチ一器給之、

一、ソン阿ミ・同子ヨヒ、餅ニテ酒候也、花持來候也、ヲヤ茶三袋、子扇、

斯波義敏に召され花を立つ
金盞花
蕗薹

一、勘解由少路三位殿被召候間參、花一瓶立之、心梅カフ、右ヲモト、左ウシロヒハ、前キンセン花、フキタウ、

宇治産土社

一、彦三郎宇治へ下、うふすなへ爲被參候也、

廿日、過夜雨降、晴、乙酉、

山科七郷より注進あり

一、七郷ヨリ折帋候、」子細者東山殿御普請事ニ奉書ナリ候、其注進候也、シヤウシユン持上候也、

幕府奉行人奉書案
幕府山科七郷に東山山荘庭普請人足を課す

（11オ）

一、東山殿御庭御普請事、以人足自來廿日可被其」沙汰、若難澁之儀候者、一段可有御成敗之由、
被仰出候者也、仍執達如件

長享二
正月十七日　　　　　　　　　　（松田）數秀在判

山科七郷沙汰人ゝ中

言國禁裏御番

一、本所御番之間、彦兵衞ニテ申之、則御披露、傳奏可被仰出之由候也、

廿一日、晴、丙戌、

近習廷臣等酒饌を勝仁親王に獻じ宴あり
龜大夫

一、親王御方近進〔臣〕各申御沙汰、御土器物一・御銚子提代進之、カメ大夫ウタイ候也、

一、今朝又七郷事御申、傳奏被仰出候、

（11ウ）

廿二日、晴、丁亥、」

山科七郷使あり

安禪寺殿

斯波義敏山科家を訪ふ宴あり

尊勝院實譽近江足利義尚の陣に參る

結城尚隆被官人と爭ふ

參内

御學問所に花を立つ

小御所

一、七郷より兩人上候大塚者、野村者、委細申候、

一、安禪寺殿（觀心尼）參、ケイ首座木田郷事申候、飯尾次郎左衞門（爲弘カ）方へ行、

廿三日、晴、戊子、

一、芳英御時、覃藏主被出候也、安禪寺殿御返事承候、御直務之由候也、

一、次郎九郎同母上候、彥二郎礼歸候也、

廿四日、天晴、己丑、

（12オ）一、勘解由少路三位入道御出候、菱喰一・鯉一・柳一荷被持候、供水巻・堤兩人、初献カワラケノ（脫アルカ）モ三・鯛コサシ・アワヒ・栗、次鳥入物シヲヒキクル〳〵、次ヌルヒヤ麥、ソイ物蛤カイ、次フナ入物アカイ、クラケ、次カワラケノ物三フキノタウ、せり、クラケ、木、次ヤマノイモ入物、次ヒシクイ入物ハテ候也、

廿五日、晴、庚寅、

一、二郎三郎茶三袋持來候、餅酒ニテ歸候也、彥二郎ニモ礼申候欤、

一、ナラソンせウ院（東大寺尊勝院實譽）近江御礼ニ參ラレ、御陣ニテ結城七郎（尚隆）拔（被）官人トコトヲシイタシ、三人打死、ソンせウ院四ケ所手ヲワレ候也、曲事共候也、

一、今朝立花御用ニ禁裏參候也、御學文所棚上心松、中梅、アカミトリ、同所故銅御花瓶、心梅カフソヘ候、右ワウハイ、左モ梅、黑戶心松、左紅梅、フキ、アカミトリ、小御所梅、コウハイ、

（12ウ）
左ヒハノハ也、」下草キンセン花也、
一、大原坊主梅枝持出來候、餅酒、ヒシ宿、
一、今夕小（少）納言女歡樂ニテ、坂田式部（資治）方宿被出候也、
廿六日、晴、辛卯、
一、野村者代殘卅文、今日返遣候、かまいなし、
一、御ツマ御時御出候也、大原坊主被歸候、扇一本・ミノカミ一帖、

樂人

一、西園寺・秋庭出來、御使酒候、樂人筑前出來候也、
一、寺家新法師、樺一・荒巻一・こふ被持候、酒ニテ御歸候也、本所御見參候也、
一、淺見礼ニ彦兵衛方へ太刀金・百疋欤、

山科東庄へ博奕禁制と年貢未進事を觸る

一、竹阿ミ東庄へ下、地下ハクチキンセイノ事、未進共事、
廿七日、晴、壬辰、
一、永壽院御時、
（13オ）
一、今日かいつふり取之、下ニて四所、上ニて二所、六出之、六高橋取之、
廿八日、晴、癸巳、
一、泉藏坊彦次郎元服礼ニ子ツレテ上、樺一大コン・コフ、餅ニテ酒、若者扇一本、

言國長橋局へ栗を進ず

一、自本所長橋局栗百被遣候、今夕禁裏被申候也、

一、坂田方内へ留守事、餅ユトウ一遣之、

廿九日、晴、甲午、

東山山莊用木事につき穴太者來る

(13ウ)

一、彦三郎東庄下、濃州帳入物一召寄候、中務所之かわこ一也、昨日東山殿石藏用木事御奉書」之事、あなうのもの出來也、

季秀奉書案

山科七郷に東山山莊用木を課す

一、東山殿石藏御用雜木貳十本事、伐之可被渡穴太之由、被仰候者也、仍執達如件

長享二

正月廿五日　季秀判

山科七郷沙汰人中

細川成之上洛

一、過夜細川(成之)サンシウ上洛候也、

一、宗鏡出來候、餅酒非時、南洞院御宿候也、

卅日、晴、晝雨、乙未、

小川重有立花持來る

一、掃部助(小川重有)立花被持來候也、」

甘露寺親長父子に栗を贈る

(14オ)

一、甘露寺(親長)殿栗一裹、御方(元長)一裹進之候也、

一、下町十文、上十文、

山科七郷郷民代表七人來る東山山莊普請役事

一、七郷より七人出來候、百疋持來候、東山殿御普請之事、入麥酒候也、

一、御米七石八斗九合、此内カイ米代三貫九百六十六文、

　此外正月米別在之、

　入目七石六斗八升七合也、殘一斗二升三合、

（14ウ）

長享貳　二月一日、晴、丙申、

朔日祝

一、今朝各御祝、コレノ酒候也、南洞院（房實）御歸候也、

高野田月宛

一、高野蓮養サ、イ一籠出來候也、月宛出之、

一、御供二前上候、

二日、晴、丁酉、

梅木

一、大原坊主梅木給候、南向うへ候也、御宿候也、

一、飯尾肥州（爲脩）より荒巻二・ノシ百本・桶一給候也、今夕二郎左衛門（飯尾爲弘）方出來候、酒ニて歸申候、

太子丸

一、豐筑州（統秋）太子丸被預候、山崎持來候也、酒候也、

山科七郷より使あり東山山荘普請役事
斯波義敏と花を立つ
覃蔵主美濃へ下向種々ことづく
禁裏外様番衆申沙汰曲舞
山科七郷より注進

（15オ）
三日、晴、戊戌、
一、小谷坊主被歸候也、
一、三郎兵衛ク、タチ一荷上候、
一、七郷ヨリ兩人上候、酒ニて色々普請事申、下候也、
一、勘解由少路（斯波義敏）三位入道殿谷川參花立候、予參候、歸ニ是ニテ花一瓶立候、酒ニテ歸候也、今日又次郎殿懸御目候也、
四日、天晴、ヒカンニ入、己亥、
一、覃蔵主今日濃州へ下向候也、代貳貫二百文、秘計候、五百文今朝ふるまわれ候也、下部十疋遣之、齋藤丹波方へ予扇一本三百文之也、小僧方へ禁裏（後土御門天皇）より被下御扇遣之、吉田方へ筆一對遣之、」今日坂本まて、
（15ウ）
五日、晴、庚子、
一、東庄ヨリカラホウシ上候也、
一、禁裏外様衆今日申沙汰クセマイ、本所御參候也、
一、七郷ヨリ今日注進、普請事昨日御奉書候、

幕府奉行人奉書案 東山山荘普請人足重ねて督促

一、御普請事、于今難澁、不可然、所詮來七日以前、可致其沙汰、猶以令遲〻者、可被處罪科之由
被仰出候也、仍執達如件、
長享二
二月三日　數秀(松田)判
山科七郷沙汰人〻中　」

(16オ)

山科七郷使あり

六日、晴、辛丑、
一、七鄕使ニ花山新右衞門上候、御普請事堅申候也、今朝此方ヨリ右衞門下、

山科七郷郷民代表七人來る 山荘普請役事

七日、晴、壬寅、
一、七鄕より七人今日上候、花山二郎右衞門、音羽二郎さへもん子、四宮せう、野村、大宅、大塚、
傳奏同道候、酒候也、

樂人

一、樂人隱岐方・近江守方訪行、路次ニテ行合申之、筑前守礼、安藝守方行、　」

(16ウ)

八日、天晴、癸卯、
一、永壽院御時、御出候也、

斯波義寛上洛

一、武衞(斯波義寛)江州ヨリ被上候也、
九日、晴、甲辰、

山科七郷より再び代表來る

一、七郷ヨリ七人今日上候、野村道ちん、西山・四宮・花山・陵・音羽・大宅酒少、今朝衞門下、催促候、

十日、晴、乙巳、

斯波義寛日野富子に謁す

一、武衞御臺（日野富子）御礼被參候也、

皮籠

一、三位入道殿栗一折進之、

（17オ）

一、東庄小南中務子持三郎兵衞所へ御文御かわこ貳下候也、」

十一日、晴、丙午、

山科七郷郷民代表七人來る

一、七郷者七人出來、三十疋持來候、七人フルマイ也、酒候、十七貫文ト申之、此分傳奏申之、猶一貫文松田奏者ニト被申之、

鯨荒巻

一、豐筑州出來候、クチラアラマキ三、今夕進之也、

十二日、晴、丁未、

（17ウ）

一、五十嵐方・三郎兵衞・二郎九郎三人上候、色々地下事共申之、」公方山アせ候事、二郎九郎條ニ相違之事、畠方張〔帳〕之事、今日申之、

傳奏家人に東山山荘普請役事申入る

一、傳奏三宅三郎兵衞ニ入麥・雁入物・酒候也、東山松田對馬方七郷普請事申之、

一、五貫文筑州秘計、江州御下向御用候也、

十三日、天晴、戊申、

一、大澤寺御出京、㐂袋茶一器被持候、美濃㐂貳帖進之、入麥酒候也、

美濃紙

一、宇治御僧御出候也、酒候、下部酒候也、アイノスシ廿候也、

一、藥師寺庄藤右衛門、松井狀ニテ催促候也、各留守之由申之、

斯波義寛足利義政に謁す

(18オ)

一、武衛東山殿(足利義政)被參候也、乘馬、先ノリカヘクラヲイテヒカセラル、次小者、次ハシリ衆、次馬、次ヲタ子馬、次ニ□、各カタキヌ・小袴、太刀ハク、モ、クリアケ、馬ヨリヲリ、ホト、ヲキミチハ馬ノ供衆ハヒキサカリ、皆ツレタチアトニ行、

十四日、晴、己酉、

一、自東庄彥二郎元服礼三人上、二十疋、又彥兵衛方へ二十疋、七郎左衛門・馬場弥四郎・二郎九郎、餅酒候也、

土筆

一、南洞院殿土筆一器給之、

山科七郷使普請役事に來る

一、七郷ヨリ三人普請事上候、酒、又アイノスシニテ、傳奏三宅今日松田方へ行、未伺之由候也、

(18ウ)

十五日、晴、庚戌、

一、永壽院御時、

十六日、過夜雨、辛亥、

一、千阿御時、御布施二寸、

三の正月餅

一、自東庄三ノ正月餅五十キレ上候也、

十七日、晴、壬子、

言國足利義尚拜賀のため近江に下る

一、本所近江（足利義尚）御所御礼ニ御參候也、御供彦兵衛・彦三郎・智阿ミ・彦四郎、地下者三人兵衛九郎・左衛門四郎・藤五郎、」中間右衛門・与三郎・石法師・千秋、野村一人、代二貫五百文持申候也、

（19オ）

南洞院御參候、心得ス候也、

斯波義寛近江鈎の陣に下る久守義敏に召され立花を見る

一、武衛御陣（鈎）へ御下、今夕三位殿被召候、立花一見、谷川立之、五瓶、歸ニ是へ出來候、花一巻予給之、酒之、花一瓶立之、

禁裏御番

一、五十嵐・野口弥四郎今夕御番上候、五十嵐方三百文持候、田なりの代、シユラノ木大宅二本、竹鼻一本之由候也、色々子細共候、タコチノ木卅本之由候也、

十八日、晴、癸丑、

一、御留守事ニ正月餅ニ十入テ女中各酒候也、予仕候、

禁裏別當御局

一、禁裏別當御局ヨリ二百疋被持候、本所御留守之間、予請取折帋進候也、」

（19ウ）

一、西林院兵部卿梅剝二桶、一ハ御本所、一ハ予給候也、則三位入道殿進候也、

嘉樂門院不例勸修寺教秀より諒闇御服御色目尋ねらる

一、自傳奏（勸修寺教秀）リヤウアン御服御色目御尋、女院（嘉樂門院）御モウ〱ニヨリテ也、

十九日、天晴、甲寅、

海棠

一、窪田方カイタウノ枝給候、使酒候也、

言國近江より歸洛

一、本所自江州御上候也、ハマ彦二郎入道所ニ御トマリ、寺家殿人々御座之由候也、

一、三位入道殿カイタウの枝下草進之、御返事水巻也、タカノ鳥一給候也、大臣名御返事候也、

山井安藝守景益

一、山井安藝守（景益）出來候也、色々家事申候、目安候也、

廿日、晴、乙卯、

（20オ）

修羅木

一、自東庄カワコ二上候、五十嵐方上候、今日上様シユラノ木マイル之由候也、竹阿ミ今日河原者所へミヤノ木ノワヒ事申之、傳奏三宅松田對馬方へ普請之代左右キ、ニ被遣之、二千疋ニ定之、今日番衆中へ折帋遣之、明日可上之由申候也、

諒闇御服目録を傳奏に申す

一、今日予傳奏參、リヤウアン御服御目録事申上候也、御對面御酒被下候也、

廿一日、時々小雨、丙辰、

朝倉景久仙洞御所舊跡の木を東山山荘に運ぶ

一、今朝朝倉（景久）木ヲヒク、仙酒（洞）の御跡の也、東山殿へ、

（20ウ）

一、自東庄五十嵐方・七郎さゑもん・二郎九郎上候、衆（修、以下同）羅木又御奉書候、タコチ木・クタ木等大宅里ニテ取之、酒候也、

幕府奉行人連署奉書案

一、東山殿御庭木曳衆羅木事、山科大宅里在之云々、早可被伐進之、更不可有遲怠之由被仰出候

也、仍執達如件
長享貳
二月十五日　（飯尾）為規在判
　　　　　　（松田）長秀無判
山科家雑掌

河原者

一、今日河原者廿人計ユツケ代百疋礼候也、

廿二日、晴、丁巳、

山科大宅里の修羅木を東山山荘に徴す

一、今日大宅道林圓寂候也、

山科七郷宿老七人來る

一、自七郷七人宿老上候、道チン・西山伊賀・音羽・花山、冷麥アイノスシ・酒、予ニ一貫文、彦兵衞五百文返し候也、」

（21オ）

廿三日、晴、戊午、

一、芳エイ御時、今日モ朝倉木曳候也、

禁裏猿樂龜大夫

一、禁裏猿樂、カメ大夫、セツケノ申沙汰候也、本所御參候、

廿四日、晴、己未、

山科東庄下向 諒闇御服記を撰ぶ

一、予東庄下、諒闇御服記エラミニ罷向候也、次飯尾肥州ニ色々申、今夕飯ヲ仕候也、中間マテ、」

（21ウ）

廿五日、晴、夕雨、庚申、

海鼠腸

一、湯ヲタク、歸テ肥州ニ夕飯在之、

廿六日、雨降、辛酉、

一、中書（頼久）コノワタ二ヲケ給候也、

一、今朝飯肥州（爲脩）シヤウシ、飯、アイリン坊同道候也、一日シヤウキ、

山科七郷東山山荘普請料を納む

一、今日七郷普請料貳千疋納、御倉へ、松田對馬二百疋・野村百疋・傳奏ミヤケ百疋、

廿七日、晴、小雨、壬戌、

（22オ）

飯尾爲脩より包丁眞魚箸を給ふ

一、飯尾肥州朝飯、ハウチヤウカタナ・カナマナハシ給候也、今朝茶三袋遣之、今日政所ニ各物トモヲク、政所イリマメ袋一」クレ候也、今日上候也、ミヤケニ酒候也、地下ワヒ事かの可□□（遣由カ）申之、秋事、

廿八日、晴、癸亥、

一、彦三郎宇治へ、

勝仁親王月次御樂言國奉行

一、親王（勝仁親王）御方月次御樂候、本所奉行ニテ御參候也、今日山井安藝守子來月五日御樂チコニテ可參之事御申、色々御沙汰ニテ參候也、

廿九日、晴、甲子、

山科七郷より使あり

一、七郷より使、道ちん・伊賀・七郎さへもん、荒巻一・桶一・百疋、予、五十疋彦兵衞方へ、百疋

傳奏御たかの代、酒のませ歸候也、あこやたい、かきのへ、」

（22ウ）

秋場伊豆守

一、彦三郎被歸候、小僧わらひ一ハ給候也、十ハ候也、

一、秋場伊豆守方ニンニク二束給候也、

町代

一、十文下町、四十五文上町、

一、米五石三斗一合、代四貫四百五十五文、入目五石六斗二升二合、 三斗二升一合過上、

一、竹かうし候、くすりあらめをうつミ候也、はうてもこす候也、竹こへくすり、かわうそめねこハまるなからうつミ候也、

一、はすのたちハの事、うしのかわいけへきさみ入候也、」

長享二　三月一日、天晴、乙丑、

（23オ）

朔日祝
言國參內
御樂事

一、御祝如例、各礼候也、酒候也、本所（山科言國）　禁裏御參候、御樂事御申、

二日、晴、過夜雨、丙寅、

一、古川ヨリ鯉一被上候也、兵衞九郎一か、政所一か出之、

大行事御供

一、大行事御供四前、毎月二前上候、七郎さへもんわらひ一か、又一いかき北殿之分、三位一い

かき、三郎兵衞一か、此一か本所へまいる、

一、濃州くけとの、御僧便ニ御上候、子細あい候、下方妙覺寺住持秀芳弟師玄祝(マヽ)東福寺末寺連ミきん庵ノ也、

一、豊筑州(統秋)朝飯候也、

三日、晴、丁卯、

（23ウ）

一、トリ野口弥四郎上候、禁裏參返候也、

鶏を獻上

一、各アカ飯ニテ酒候也、

赤飯

一、橋本殿御カツソウ、本所御出、太刀金被持候也、

四日、晴、過夜雨、戊辰、

一、山井安藝守(景益)子カツソウ、タウシヤウ各御出候也、本所・中院無御出候也、其條皆御出之由候也、モト〳〵カキコトタウシヤウ御出候事、此方先無御出候也、

山井景益子

一、飯尾二郎(爲弘)左衞門方出來候、酒候也、

飯尾爲弘來る

五日、晴、己巳、

（24オ）

一、禁裏御樂候、本所御申沙汰候也、予參候也、就御申沙汰鯛一・柳一か被進之、無先規事候也、

禁裏御樂言國奉行

一、濃州あき人今日狀を付候、革手鄕(美濃國厚見郡)千疋之由候也、武方五百疋、地下へ申付候也、

美濃商人に狀を付す

六日、晴、庚午、

一、南洞院(房實)藤枝・山椒給候也、

硯

一、朽木中將方ス、リ一面給候、御返事せき物たち刀一、めいきうくわん五十りう、」

傳奏に物を贈る

(24ウ)

一、傳奏勸修寺殿(教秀)予七鄕進之鯛一かけ・のし百本・柳二荷進上候、持參候也、栗一裹予進上候也、
御悦喜、

近江國鯰江庄庄民上る

一、なまつへ(近江國愛智郡)より人上候、雜帋二帖・薬二色下、明朝使下、

七日、晴、辛未、

斯波義敏牡丹

一、今朝三位入道殿(斯波義敏)ヨリホタン枝給候、禁裏參候也、自是藤進之、本誓寺一帖返進候、水巻酒後

蕨

又蕨一盆進之也、豊筑州蕨一盆遣之、

八日、晴、壬申、

一、永壽院御時、」

棕

(25オ)

一、自東庄餅上候、ハンサウタライノキチ上候、

九日、自過夜雨、癸酉、

一、坂田式部方(資治)馬ノカネウツ、字ハ彦兵衞カク、

足利義政嵯峨清凉寺念佛會に參詣

一、東山殿(足利義政)サカ念佛ニ御成、キヤウケン院御成候也、御車也、

新茶獻上
嘉樂門院御所へ密々行幸あり
御病氣見舞

十日、曇、晴、甲戌、
一、新茶宇治之小僧被上候也、禁裏進上候也、
一、過夜　禁裏蜜ミ(マヽ)ニテ女院(嘉樂門院、藤原信子)行幸候歟、ミチアラコモ、曉シノヒテ、御供庭田殿ヲヤ子ハカリト也、後ス(薄以量)、キ殿歟、」

秋場伊豫守
内侍所御神樂言國參内

十一日、雨降、乙亥、
(25ウ)
一、本誓寺予・彦兵衛・秋場伊与守ヨハレ候、ムシムキ・サカナ酒候、
一、内侍所神樂候、出御候、本所御參候也、三位入道殿・又二郎殿被參候、酒まいらせられ候也、
十二日、晴、丙子、
一、南洞院梅ツケ少給候也、
一、古川方十疋持來候也、ムシムキ酒候也、
一、百七十文法住寺殿下行候也、

法住寺代參
長講堂

十三日、晴、丁丑、」
(26オ)
一、今朝法住寺殿御代官ニ參候也、彦三郎・与三郎・石法師・千松・地下者一人、御念佛如例、長講堂へ田向殿(重治)御參ト存候處、　伏見殿(邦高親王)御參候也、故宮ミ如此候也、
一、秋場伊予守方蕨一盆遣之、

薄白

一、江馬方狀薄白一束候也、御返事筆十管遣之、

十四日、晴、戊寅、

一、竹阿東庄へ行、

華譜書

一、華譜書御僧心海御時、

一、音羽ちや三十三袋出之、

十五日、晴、己卯、

一、坂田（資友）方上洛、十疋被持來候、酒候也、

一、濃州へ御返事遣之、

（26ウ）

一、永壽院御時、花譜書僧同今日被歸候也、

一、今日上女メトリニ取ヤリヤへ、モノ、へヲシヨせ候也、

十六日、晴、庚辰、

一、無千阿出來候也、

一、弥六丹州ヨリ上候、岩法師不上候也、

十七日、晴、辛巳、

一、竹阿ミ上候也、

嘉樂門院病氣大事
言國御見舞に參る
女院容態持直す

一、女院御大事之由候也、本所御參候、所々爲礼御出候也、中御門殿(宣胤)參候也、諒闇御事ニ女院御減候也、目出度、、、、

十八日、晴、壬午、

(27オ)

一、藥師寺催促、松井同前候也、竹阿ミ遣之、

一、五十嵐方上候、条々申候也、

斯波義敏を訪ふ

一、三位入道殿參、色々申之、

十九日、晴、癸未、

一、西山もの、かすとめ候、人お遣とり返し下候也、

山科東庄政所新茶を納む

一、東庄政所新茶三袋・タナヤキ米一袋上候也、

一、松崎ヨリ二袋、使シタ、メ候也、

一、五色ツルハキ、今日本所へ申御日記カ、せ申之、同御扇事、

黍團子鯣

一、三郎兵衛キヒタンコ一器・イモ一器・スルメ一連・タナヤキ米袋一持來候、ヒヤムキ酒候也、

審知客美濃より上洛

一、濃州ヨリ審《シン》シカ上洛、知客《シカ》、安養寺、くけとの、御僧御上候、今日、

(27ウ)

廿日、雨降、甲申、

一、彦大郎茶三袋持來候也、

美濃國武方郷年貢錢納む

一、審知客時マイル、武方〔美濃國〕三貫文今日納之、
一、米一石二斗智阿ミあつかり、借狀米一通、在之今日、
廿一日、晴、乙酉、

禁裏番衆博奕禁制

一、七郷ヨリ折帋候、禁裏御番衆ハクチキンセイノ事、
一、濃州返事使御僧渡候也、
廿二日、晴、丙戌、
一、今夕南洞院と予、本所對面事被仰候て御目かゝり候、酒候也、
一、彦二郎宇治ヨリ被歸候、小アイ一折敷ミヤケ、
（28オ）
一、判官代チウコノ裏ツケト書事、物ニチウコツケ□ハトミヘヌヤウニツケテキル也、

嘉樂門院御所望の栗を獻ず

一、女院ヨリ栗御所望、同三位殿御所望、進候也、
廿三日、雨降、丁亥、
一、芳〔英〕墓御時、花事、色之、
一、明德度シヤウクンウンノシルアカ、サノ時、ヤヲイ候、ノクヘシト云ラルカラスト也、具足カラヒツニ御コシカクホシイ、フルムシニアミ、サタタウ・ムネタウヤノクツレタルヲ敵ニナヲサセラル、

（28ウ）

鎧着用し矢負ふ法

一、小笠原播州(元長)申之、ヨロイヒタ、レキ、ヤヲ、フ時ハ」ク、リノヲ、ユウヤウアリト也、ウワヲヒヒキテノコトナリ、比興曲事、袖ヲサムルヤウ在之、

足利義尚近江出陣の際の服飾

一、今度公方様御陣立、ヨロイヒタ、レ、アカチノキンラン心ヘカタシ、ニシキニテ子細候、雖然内々又ハ色ヲカヘテハキンランニテモ御沙汰候歟、

一、公方シコノヤ数十六、四タウノハ、四キリフ、四ヤマトリ、四ハチクマ《ウハヤタチマセ》ニテモツルニテモ、ツルノ本白、皆ヤマトリノモ在之、

手綱腹帯

一、手綱・腹帯ムラサキニソメラル、

一、御扇出陳(マヽ)、面アカク、日キンハク十二星《シヤウ》、裏アヲク、月星シロハク七シヤウ也、

唐納豆商賣札

一、花薗美作法眼、唐納豆三袋給候、此シヤウハイノ札礼也、」

（29オ）

廿四日、雨降、戊子、

廿五日、晴、己丑、

一、妙覺寺僧上洛候也、

參内立花

一、禁裏予花立參候也、五瓶、

廿六日、雨下、庚寅、

一條冬良拜賀

一、今夕一條殿(冬良)御拜賀、

一番茶

鮒

飯尾爲弘近江鈎の陣下向

美濃國饗庭庄下方代官職補任狀案

妙覺寺寺領

宗葩

一、御ツマ御時、妙覺寺池田へ下、代二貫文、

一、野口弥四郎一番茶一キン、二番一キン出之、殘三番ヒタツ在之、酒ニテ歸候也、」

(29ウ)

一、上まちふな廿こん出之、すしにさせ候也、

一、飯尾二郎(爲弘)左衛門方今日御陣被下候也、

廿七日、曇、辛卯、

一、自東庄いはなしひけこ二本所、ツト一私へ上候也、

廿八日、晴、壬辰、

一、せトミソツケハ井へ入候也、土トモ、

一、妙覺寺坊主池田ヨリ上、本所百疋、予百疋、池田ニテハ二貫五百文ニテ請補任等也、

一、補任

美濃國大野郡饗庭《アイハ》下方之內、妙覺寺〻領分內、毎年無懈怠七貫文分可被致京着、萬一無沙

(30オ)

汰之儀候者、」雖爲何時改易申、別人仁可申付者也、仍狀如件

長享二年戊申三月廿八日　　宗葩《ハサウス》判

土岐本庄民部少輔殿

妙覺寺住持職安堵狀案

一、美濃國大野郡饗庭下方之內、妙覺寺住持職事、爲玄秀僧師匠、任玄悅喝食ニ讓之旨、住持職幷寺領等之事、末代爲本所玄悅御房ニ申定候、然上者自門他門、望申仁躰候者、一度申定上者、不可其煩者也、仍爲後證狀如件

長享二年三月廿八日　宗〔葩〕（皅）在判

玄悅に讓らる

廿九日、癸巳、晴、

一、妙覺寺御僧御下、本所ヨリヒヤ麥カンニテ酒・扇・杉原十帖被遣候、予くけとのへすゝり唐」ハリ下申、吉田方狀藏主方へ狀遣候、今日被下候也、

(30ウ)

一、永壽院御時、

一、高倉殿（永繼）自東庄御カラヒツ上遣之、

一、齋藤丹波使辻中務出來也、

卅日、甲午、

長坂口公用

一、長坂公用二百文、御宮御こしはんてうニ下行、

町代

一、町上五十・下十文、十五文、

一、各御湯、秡候也、
一、米請取六石三斗一升八合、代六貫五百文入目六石六斗一升五合、二斗九升七合過上、

天下觸穢
禁中喰入
東岩屋社祭禮延引

（31オ）
長享二　四月一日、晴、乙未、
一、天下觸穢、禁裏クイレ候也、東岩祭礼延引、御ハイ□ルニヨテ也、衞門下申之、
一、坂田方同子朝飯候也、彦二郎元服、飯候也、
二日、雨降、丙申、
一、御供上候、各參候也、
一、予藤中納言殿（高倉永繼）・伯殿（白川忠富）先日御出之御礼參候也、

鞍馬
一、鞍馬ウト出之、

筍
一、福田院竹子一束給候、六日御出之由候也、
（31ウ）
三日、雨降、丁酉、
一、藥師寺催促、去年分事、
四日、晴、戊戌、

山科野村郷道秀一番茶出す

一、野村道シウ一番茶一キン、ヒクツ二キン出之、

五日、晴、己亥、

一、南洞院(房實)今日御出候也、

禁裏東岩屋社祭禮をなすべしと仰せらる
日吉賀茂祭等御拝なし
居祭

一、禁裏(後土御門天皇)ヨリ三條西殿(實隆)ニテ東庄岩屋殿(山科大宅郷)祭礼ヲナスヘシ、日吉祭・賀茂・松尾・イナリ在之、今年ハ　禁裏觸穢間、各祭ニ不可有御拝候也之由候、然間」(32オ)七郷御番ニ參間、居祭歟、秋マテ延引歟、兩條於神前祢且(宜カ)御クシ、イマツリニヲル、其分今朝衞門男・与三郎兩人ヲ下候也、

六日、晴、庚子、

一、南洞院今朝シヤウ僧、

一、三位入道殿(斯波義敏)今夕豊筑後(統秋)モ今日同道候也、　ユツケニテ酒、太刀金被進候也、

七日、晴、辛丑、

蛤鮒

一、三位入道殿ヨリ本所(山科言國)へ鮒五被進候也、予ハマクリ一器進候也、南洞院御歸候也、

祭酒鯛

一、二郎九郎祭酒トテ樽一・鯛一・コフ持來候、ゆつけ酒ニテ下、」(32ウ)

一、蛤今日出之、高倉殿一器、三位殿・筑州・窪田方へ一器遣之、

八日、晴、壬寅、

一、永壽院御時、

九日、晴、癸卯、
一、上様御里ヨリ昨日御歸候也、
一、辻中務丞ヒヤ麦ニテ酒候也、

細川政元山科大宅里へ盆山石を求む

一、今日細川(政元)殿大宅里上山へ盆山石トリニ被出候也、二郎五郎・中務子所にて、馬やの者麥飯サセヲク、其外物共ヌスム、曲事也、
一、三月分御月宛吉田渡之由候也、
(33オ)
一、今日藥師寺書狀使兩度催促候、代官中山上候之由候也、
十日、晴、甲辰、
一、岩屋殿御コシノ御ハンテウ三テウ新調仕、下代九百文也、一テウ三十疋宛也、フタヘヘリニテ、御へリニシキ、
一、自東庄カコ二檜葉アヲリ上候也、
十一日、晴、乙巳、

東岩屋社祭禮居祭

一、東岩屋御神事、今日居祭候也、心經一巻ケタイ計、一字三礼、予書之、殘彦三郎書之、

播磨國都多庄代官

一、幡(播)州都多(飾磨郡)御代官子宇野孫六方本所へ御礼錢百疋、予ニ五十疋被上候也、

深草刀禰

一、ふかくさとね百疋かし候、六文子也、

（33ウ）
一、御くう今日上候、きやう一前てうはんさへ候て本所まいる也、殘これ候、各ゆつけ、

山科東庄下向

一、予今日東庄下、（飯尾爲脩）飯肥州夕飯仕候、色々申候處へ智阿ミ下、備州上村事、中山ニ十疋持來候也、少可御用立候、二郎か狀可取之由候也、

十二日、晴、丙午、

一、法住寺殿十疋下行候也、
一、二郎九郎夕飯仕候也、

十三日、晴、夜雨、丁未、

月例念佛

一、御念佛如例、
一、飯尾肥州朝飯在之、夕飯三郎兵衞、湯ヲタク、

十四日、晴、戊申、

一、飯肥州朝飯、シヤウシ今日予上候、三人々夫、
（34オ）
一、三川より茶給候、御返事おひ一すち下申□、

十五日、晴、己酉、

賀茂祭

一、賀茂祭候、永壽院御時、

飴粽

一、あめちまき五十、あめあいのものニ一出之、本所十、兵衞方へ十五、

饅頭

一、まんちう五〔三〕十これをいたし候也、もと五十間色〻申之、九十、代九十文出之、如此候也、本所ハまいらせす候、兵衛方へ十遣之、

参内立花
御酒を賜はる

一、禁裏花ニ被召候、五瓶、御酒被下候、

十六日、晴、庚戌、

公事筍

一、二郎九郎公事竹子三束上候、一束本所まいる、（34ウ）

一、窪田方出來候、予シユサウ盡ナヲス、夕飯候也、

十七日、晴、辛亥、

佛供

一、御佛供仕候也、

一、小谷坊主出來候也、

近江國鯰江庄

一、昨夕なまつへ（近江國愛智郡）より人上候、藥二色下、今朝下候也、

十八日、晴、壬子、

一、大塚方ヨリ使ス、キ方出來候、ヒヤムキ酒候也、明日爲礼出來之由候也、

一、二郎九郎五十嵐方出來候、草田クイノ事カナウヘカラス、秋米少可遣之由候也、（35オ）

十九日、晴、癸丑、

一、大津榧一カリ、代三百文カリ、六文子、五十嵐ヒケイ、

一、奥津方三百文、殘二百文也、地下借錢也、

一、大塚方へ今朝彦兵衛（大澤重致）尉持太刀ニテ行、留守候也、則使ヤカテ遣之出來候、予對面、太刀金五百疋折帋候也、兵衛方へ太刀金三百疋折帋三コン候、被歸候也《テ》、本所各酒マイラセ候也、目出度候也、

一、居都上村（備前國上道郡）用錢五貫文到來候、智阿ミ境ヨリ上候也、

（35ウ）

廿日、晴、甲寅、

一、ツノカミとのへ花遣之、

一、磨積圓調合、本所・御乳人・彦兵衛方へ遣之、

一、アヒル御文書、禁裏被進候也、是之也、

一、御乳人十疋進之、借錢返候也、

廿一日、雨降、乙卯、

一、善大夫方へ本庄三郎ゑもん・存阿花今朝遣之、

一、三位入道殿參候、色ゝ物語申之、

廿二日、晴、丙辰、

一、窪田藤兵衛方鮒スシ三給候也、

地下借錢

備前國居都庄上村年貢到來

磨積圓

內藏寮領上總國畔蒜庄文書を禁裏に進ず

斯波義敏と物語す

窪田藤兵衛

美濃國革手郷地頭代官

（36オ）

一、大本庵革手郷（美濃國厚見郡）地頭知行代官事、今日申之、辻方出來候、吉田方へ狀遣之、

廿三日、晴、小雨、丁巳、

一、町殿（廣光）、芳墓〔英〕御子御時、

一、小谷坊主花心被持來候也、御時被歸候也、

一、大塚方ヨリス、キ使ニテ折帋代被納候也、ス、キニ太刀一腰遣之、代七十疋ゆつけにて酒候也、

廿四日、雨降、戊午、

豐原慶秋死去

一、豐隱岐守（慶秋）圓寂候也、今朝、

祝水五郎兵衞

一、ミヤワキヲイ祝水五郎兵衞二十疋持來候也、吉田方狀下、

雲州多久和泉守より狀到來

（36ウ）

一、雲州多久和泉方狀到來、二月十七日也、同名大炊助持來十疋狀ニ副候也、當月中ニ御公用上候之由也、六角シヤウニテ可尋之由候也、

廿五日、晴、己未、

參內立花

一、今朝　禁裏花ニ予參候、四瓶、

美濃革手郷三月分年貢錢

一、今夕吉田方濃州上候也、丹波方有狀之、革手郷三月分千疋、

山科東庄下向

一、予東庄へ下向候也、飯尾豐前入道同道候也、肥州夕飯、湯ヲタカセ候也、色〻二郎さへもん

方被申候事也、

廿六日、晴、庚申、

一、御つま御ときニ御出候也、

（37オ）

一、今朝飯肥飯候也、今日上候也、すくニ二郎さへもん方へ」條〻申之、

一、櫻井方ふなのすしのあらまき二給候也、

一、壽僧窪田方今日書出之、

廿七日、雨降、辛酉、

一、福田院・永壽院御時御出候也、

山科東庄人夫

一、東庄ヨリ人夫二人上候、政所ヨリヒハ一イカキ、カコ三、檜ハカラホウシ、五十嵐方上候也、

一、郡家殿御僧被上候也、

一、かへりあるしと云事ハかりにあり、御かりニあり、

一、こいはうちやうニ心ミの身と云ことあり、

一、たかのとりハてにもちてもくう、」

（37ウ）

廿八日、晴、壬戌、

一、窪田方茶廿袋遣之、壽僧礼、

嘉樂門院崩御

伏見雑喉公事

一、女院《嘉樂門院（藤原信子）》七時御他界《崩御》、本所御參候也、伏見ハンシユ三マイ院今夜御出、コレヨリ人四人出之、

一、伏見サツコ公事錢二百文納、フカクサノトネトリ次、六條竹子一束出之、

嘉樂門院ト号

廿九日、雨降、癸亥、

一、あわつのもの正月一貫文出候、今日出之、去年七月竹阿米かり返候、こめのかりなし、

松田數秀に栗贈る

一、松田對馬《（數秀）》方へ栗一籠遣之、

町代

一、上町廿文、下町廿、米代六貫九文、」

（38オ）

長享二　五月一日、雨降、甲子、

一、くけ殿より又人上候也、

諒闇御服要脚下行さる

一、諒闇御服用脚貳十貫文、今日且下行、

一、貳貫百十文、予刀方へ、一貫文しち、今日ヨリ七百文、高野三百文、公事錢一貫百十文御ふく代、

諒闇御小袖御服

一、中御門殿《（宣胤）》御使候、今度諒闇御小袖御ふくス、シノヨシ候、ネリニテ御色三色ト申之、雖然タ、ス、シノヨシ候者、可仕之由候也、

諒闇御服要脚請取状案

請取申　諒闇御服要脚事

合貳十貫文者、

右且所請取申、如件

内藏寮目代

長享貳年五月一日　内藏寮目代　重致（大澤）判

二日、晴、乙丑、

一、吉田方坂本へ下、代十疋遣之、郡家殿使池田下、

（38ウ）一、今日御供長者代遣之、天下シヨクヘニヨリ、

一、御ふく御いと十八すちそめ遣之、

御服唐櫃寸法

一、御ふく御からひつの用、大工一人、おかいた一間、代百五十文、御からひつの寸法、かわのたかさ一尺五寸、かわのなかさ二尺八寸、よこ二尺一寸、三あしニあなおあけ、はなくれとおし候也、

三日、晴、丙寅、

一、ちまの米二十疋ニてかう、大津たる一めしよせ候也、

嘉樂門院御茶毗 伏見般舟三昧院 後花園天皇御石塔の傍 五山僧參仕せず

大澤重致坂本下向

近江菅浦庄より枇杷到來 諸所へ配る

菖蒲內侍所のみ葺く

一、女院號嘉樂門院御タヒ、伏見般シュ三マイ院南方ニテ、舊院(後花園天皇)セキタウノソハ也、中院(通秀)・三條(實隆)西殿・勸修寺殿(敎秀)・甘露寺(親長)・庭田殿(雅行)、土〔火〕サウニテ御入候也、五山用意候處、安禪寺(觀心尼)ハヤク御ツトメ候間、五山不被出候也、後日安禪寺殿被參之由候也、伏見御寺素服人數四辻殿(季經)・唐橋殿(在數)兩人カリ衣、ヒトヘ指貫、同色クロツルハミ、」

(39オ)

四日、丁卯、天晴、

一、法住寺殿十疋下行候也、

一、彥兵衛尉(大澤重致)土岐殿(成賴)礼ニ坂本へ今朝下、太刀金、遵行事申之、齋藤藏人(基廣)太刀金遣之、大塚方へハ先日礼ニ太刀一腰代五〔五百〕の(マヽ)貫文、干鯛十・ハム十・栗一籠・大津棰一荷、中間共ニ百疋遣之、野村一人・大宅里一人・人夫二人、

一、菅浦(近江國淺井郡)ヨリ枇杷二籠上候、禁裏(後土御門天皇)カコ・親王(勝仁親王)カコ・長橋ホン・藤中納言殿・同女中・武衛・上樣・中御つほね・安禪寺殿各取之、中御門殿・勸修寺殿・本誓寺・秋場・尊阿ミ・窪田方・筑州・善長寺、

一、今朝ノアヤメ、禁裏ハ御フキナシ、內侍所御フキ候、西園寺フカレス、中御門殿、是ニハ御」フキ候、

(39ウ)

五日、戊辰、七時分ヨリ雨下、

禁裏栗獻上
堀川女轉びこぼす

一、禁裏御栗一折參、路次ニテ堀川女コロヒコヲス、又ヘチノヲ進上、
一、ちまき本所（山科言國）へ廿、彦兵衛方へ卅、難波殿十、御へんつい・御佛各五宛、二百文米ちまき、五百數候也、
一、自東庄ゑもき一か、七郎さへもんかたに、
一、しは二か、今日湯ニ一ハ半たき候也、
一、各チマキニテ五、ハムニテ酒、ソトノ中間女チマキハカリ遣之、

深草祭禮
賀茂競馬

一、フカクサマツリ、サイレイマテ也、具足ワタラス、賀茂ケイハ在之、

六日、雨降、己巳、

御料所美濃國
多藝庄代官に
齋藤利藤を定
む

一、（多）藝之庄（美濃國多藝郡）今日御代官濟（マヽ）藤（利藤）越前守被定候、御月宛ヨリノキ也、

七日、晴、庚午、

（40オ）

一、坂本より彦兵衛尉上候、遵行可出之由候也、吉田方坂本ニ錢置之、

八日、晴、辛未、

多藝庄事に三
度參內

一、多藝事ニ三ケ度　禁裏予參也、
一、濃州御僧ハサウ（ス脱カ）御供申、今日下向候也、
一、福田院・永壽院御布施五十宛・芳墓（英）御子十疋、御時也、下部十文、

（40ウ）

九日、晴、夕雨、壬申、

諒闇御服惣用

一、諒闇御服御惣用之内五貫文納之、殘四貫七百文、

多藝庄代官

一、多藝御代官齋藤越前守御定今夕也、

十日、雨降、癸酉、

多藝庄引替錢

一、今日多藝之御引替錢百貫文納、是へモ辻方柳一荷・白ウリ卅・フナノスシ五持來候也、長橋へ千疋、申次百疋、酒各〻ニのませ候也、スシニテ、

十一日、晴、甲戌、

一、辻方ニゆつけとて酒候也、

諒闇御服惣用錢納まる

一、四貫七百文御服御惣用、諒闇今度合廿九貫七百文也、せイラク、」

(41オ)

一、大本庵今日催促、レウアン寺ノ年忌取亂之由候也、

十二日、晴、乙亥、

一、法住寺殿十疋下行、

一、四宮又すけ茶十袋出來候、酒ニて歸候也、

山科七鄕禁裏御番

倚廬御所近所

一、七鄕　禁裏御番十五日より廿八日まて、就諒闇之儀、イロノ御所近所之間、たしなむへき之由候也、衞門下、

一、大津たる二、明日用人夫上候也、

十三日、晴、丙子、

月例念佛
一、御念佛如例、

一、長講堂陪膳御參候也、伏見女院御せうかうニ御參也、大津たる一・食籠・あこや・からなつとう被持候也、御寺ニテモ酒候也、
食籠
唐納豆

(41ウ)
一、五十嵐方上候也、宗鏡夕飯在之、藥給候也、

一、土岐二郎(政房)殿昨日上候、東山殿御礼申、今日被下候也、

濃州路錢
一、吉田方濃州路錢三百文出之、

十四日、晴、丁丑、

一、大塚ス丶キ出來、宿候也、

一、辻中務方今日下候也、

御料所美濃國多藝庄年貢收納
一、多藝御年貢納候、御請取書樣、

傳奏勸修寺教秀請取狀案
傳奏之也、
美濃國多藝庄御年貢四月分三千疋、五月分三千疋、以上六千疋到來、勾當內侍局請取狀、
勾當內侍
如此、

長橋局請取状案

（42オ）

長享二年五月十日　　判

なかはしつほねの也、

たきの御れう所の御

ねんく四月五月の

ふん六千疋まいらせられ候、

めてたく候、かしく

長享二年五月十日

勧修寺教秀家人三宅八郎兵衞

後土御門天皇倚廬御所行幸出納

十五日、晴、夕立候也、戊寅、

一、勧修寺殿三宅八郎兵衞アラマキ二・桶一クレ候、

一、大本庵ゆう首座出來候也、彼御判物共被見候也、

一、福田院・永壽院御時ニ御出候也、

（42ウ）

一、大塚者東福寺へ行、衞門副遣之、

一、諒闇倚廬御所今夕戌時行幸候也、タヽミ面ニテカキ竹ニハサム、テンシヤウ同地ヨリ七寸ネコカキシキ、ソノ上ニ御タヽミ也、キチヤウ竹ハシラ、ニフイロアシスタレ、出納調進之、

御服寮家ヨリ調進御色目、

諒闇御服御色目

（諒闇御服御色目）

一、御直衣御イロウスフシカネ、號黒橡ト、今度御色コク候也、ウスク生シ平絹ヒトヘ、

（黒橡）

一、御袴平絹生カンシイロ、

一、御小袖平絹ネリハル、ニフイロウス〳〵、御ナカ五十目、

一、御アワせ平絹ニフ色、

一、御湯帷一領白布

以上今度御唐櫃ノフタニ入、今日マツマイル、

御錫紵御服御色目

（御錫紵御服御色目）

（43オ）

一、御冠無文、ウスイロ、エイハナワ、文明、今度此分傳奏ヨリ御アツラヘ、今日此方へ給之、ウスイロハコシノハナヌリノトコロヲ、キラモナクスル也、

一、布御袍ワキアケ、ウス、ミ、

一、布御半臂リヤウアンノトキハハンヒ、カンヨウ、數ランスクナシ、御イロ同、

一、布御下襲御色同、

一、布御單御色同、

一、布御帯、御色同ナカラハリ七尺タ、ム、

一、布御表袴ヒトヘ、御色同、ニナハホソクチトムスヒツク、

一、平絹御下袴カンシイロ、ヒトヘ

一、御襪白平絹、ヒトヘ、

一、御檜扇アヲハナヒキ、御カナメテウコシヤクトウ、二寸ニナ三寸ハカリサカル、

一、打敷布白シ、三尺五六寸、四ニタ、ミ候也、

一、大キニアツキ土高坏二御服スハリ候、柳ハコスワリ候也、

一、柳箱二大ハナカサ一尺七寸、ヒロサ一尺二寸、カミヨリニテアム、御服スハル御服御物
小ナカサ一尺一寸、ヒロサ七寸、御カフリウチシキ布スハル、サシ定也、

一、縄御帯《ヒタナハ》《アラソマシル》ナカサ七尺二寸、シユクシニテツヽム、」

（43ウ）

一、御小本結御色スミソメ、

一、唐櫃一合白木サス、同ハナクレ白布、タカサ一尺五寸、カハノナカサ二尺八寸、ヨコ二尺一寸、アシ三、アシアナヲアケ、ハナクレトヲシ候也、スヽシ御入、カタヒラナシ、御アコメ今度リヤク候也、御惣用文明度御ヤク、

以上貳十九貫七百文、文明三年ハ三十六貫文ニ調析三貫文、親王錫紵析貳貫文下候也、以上四十一貫文歟、今度者廿九貫七百文也、

諒闇御服要脚文明三年との比較

一、野村二人上持候て參候也、然ニ出納今夕御服取次候事無先規候、毎々寮官持せ參之候、御トフライヲ給候事候也、

諒闇御服出納取次は先規なし

一、倚廬行幸吉服御引直衣候、倚廬ニテ素服メシ、ノチ御冠ヲメサレ候也、打數今度右ニ少ヨせ、ヒトヘニユイ、右マエニサケラル、御ゐんせんのほうなし、かきさけて也、

一、弁官此トキ御シソクヲトル、ウリン又トラス、」

（44オ）

一、御カヒツ御入カタヒラス、シニテ絹也、今度モリヤク生平絹ツヽミ、ヤナキハコノ上ニヲク也、應安マテハサタ、

倚廬御所

一、倚廬御所ハ地ヨリ七寸、ネコカキテウ三帖、シタツヽミ絹、鈍色ヘリナシヲモテツク、御キチヤウ竹ノハシラ、カタヒラニフイロ、チンシヤウタ、ミノ面、マワリノカキ、同ムシロ竹ニテハサム、

（44ウ）

十六日、晴、朝夕立、己卯、

一、千阿無御出候也、

祈禱札

一、永壽院祈禱巻數札色々給也、

一、細川津頭殿、栗一裹進之、

十七日、晴、庚辰、

出雲國千家鄕代官職多久大炊助

一、雲州富《千》家御代官事、多久大炊助申之、地下折帋遣之、和泉守所へ予狀遣之、案文、

大澤久守折紙直務代官入部せしむ

一、雲州富(マヽ)鄕事、自本所直務可入部代官間、年貢諸公事物以下、可被拘置之由之狀如件

長享二
五月十七日　　久守判

當所名主御百姓中

（45オ）

十八日、晴、辛巳、

三番茶

一、野口弥四郎三番茶一キン出之、

建仁寺花見
斯波義敏同道
目藥

一、建仁寺文ツウ花一見、三位入道殿同道申之、宗鏡夕飯候也、目藥一色給候也、

一、地下者共上候、三郎兵衛上之、酒のませ返候也、

十九日、晴、壬午、

一、南洞院（房實）今日御歸候也、

廿日、晴、癸未、

一、藥師寺・庄兩所催促候也、智阿ミ状候也、

一、豐筑州出來、予藥代二十疋遣之、御乳人子式部方脈、

栗獻上

一、禁裏栗一裹、三位殿一裹進之、

（45ウ）

一、飯尾筑前入道・布施彦大郎・渡邊出來候、酒候也、

廿一日、晴、甲申、

山科東庄政所

一、東庄政所ヤマモ、如例出之、

一、三位入道殿參候也、

廿二日、晴、乙酉、

泉藏坊

一、東庄泉藏坊今朝出京、今度公事無爲之由申之、予ニ十疋・古茶五袋、彦兵衛方へも政所同道

候也、
一、同七郎さへもん上候、予二十疋、彦兵衛方へ棰一か・ウヲ一、棰一予くれ候、代五百文仕候也、」

廿三日、晴、丙戌、
一、芳〔英〕墓御時出來候也、
一、予過夜クタシヲノミ、十二三クタシ候也、
一、六月一日餅・干飯上、客人干飯代貳百文下行、
一、奥津方へ小袖付候、腹卷一兩・甲一借遣之、
（46オ）
一、今日町殿勅〔裁〕載給之、追而諸役幷供御人等目錄報裏返進候也、
一、當寮御服織手幷供御人等申課役事、任武家成敗之旨、被止催促畢、此上者早可備進之由、可被下知給者、
院　宣如此、仍執達如件
寛正五
十二月廿日　　右中弁廣光
謹上　内藏頭殿」

久守痢病
六月一日餅
腹卷甲
寛正五年後花園院院宣案内藏寮御服織手並供御人課役催促を止めらる

一宮周防守
中御門宣胤諒闇儀につき申す
禁裏御風呂

大澤重致坂本下向

樂林軒

（46ウ）

廿四日、天晴、丁亥、

一、一宮周防守代替爲礼本所五百疋、予ニ百疋上候也、

一、中御門殿予參色〻申之、諒闇之儀也、自 禁裏明日御風呂、女中・公家中御タキ候て入被申、本所御入ナシ、今日被觸候也、

廿五日、晴、戊子、

一、飯尾肥州行、（爲脩）鯛二・二十疋持行、肴天心酒候、點

一、郡家殿使高田上候也、

廿六日、晴、己丑、

（47オ）

一、彦兵衞尉坂本遵行催促下、大塚方へ干蛸十遣之、供石法師・千松・大宅人夫一人、代五十疋持候也、路次ニテ大塚方より遵行取被上候、合之由候也、使酒候也、

一、（綾小路有俊）樂林ニ興法寺事、出狀取返給候也、三通、樂林酒、宗鏡出來候、酒候也、

一、野口弥四郎かいちや三きん卅六袋、七十文茶欤、

廿七日、晴、夕立、庚寅、

一、永壽院御時、

美濃守護土岐成頼遵行狀案
美濃仁木革手郷領家方と久徳五箇庄を山科家に還付せしむ

一、濃州遵行案文、

（47ウ）

一、山科殿御家領濃州二木郷・革手郷各領家方并」久徳五ケ庄等事、任去應仁年中例、相尋分也、可被沙汰付彼御代官之由候也、仍執達如件

長享二
五月廿日

（大島）瑞信判
（齋藤）基廣判
（齋藤）利爲判

齋藤（利藤）越前守殿

後土御門天皇倚廬御所より還幸さる
御服傳奏に渡中し出納取次
御贖物調進

一、今夕倚廬御所ヨリ本殿クワンカウ、御服御唐櫃ニ布御服入マイル、彦兵衞參候也、今度寮官不參之間、先傳奏ニ渡申候也、出納取次候歟、無先規之、今度寮官カイトリ不參候事者、御訪ナキユヘ也、寮官參者素服之カラヒツナトモアツカイアリ、寮官調進候御アカモノモ目代調」進候、ニンキヤヲキワタニテツクリ、メ、カクヨリ少大ナルヲシキニスヘ、ソレヲツチタカツキニスヘ候也、サシタルコトナシ、下行二十疋也、此アカモノニハサンマイナシ、

（48オ）

サンマイソヘ候時ハ、ハクマイヲヲシキニ少入ヲクト也、此諒闇之御贖物《アカモノ》ニハサン米無之、中間右衞門持出之、出納取之、弁進之、アラソヲハライクシ一本ニハサミ出之事、ネンニヨ

内藏寮公人

内藏寮御服御唐櫃

公卿殿上人素服黄蘗にて染む

陣之儀

女院崩御には出入の人巻纓たるべし

諒闇御茵

五辻富仲の素服装束

富仲素服の際緌をとる

沙汰候歟、其時ニハカニチソウ候也、コレモ内藏寮之公人出之、内藏寮之御服御唐櫃ハ此方へ出候也、御服ハ一モ不申候、被出候分ニテヲキ候也、

一、公卿殿上人メシ候素服、布色キ、今度キワタニテソメ、夜之間白ク見へ候歟、クシナシニテソムヘキ事也、女房ノハ白ス、シキヌ歟、ネンニヨサタ、

一、今夜陣之儀、ツルハミ、ケンチンノ事、

一、女院崩御《ホウキヨ》ニテハ出入人ケンエイタルヘキト也、衞苻〔府〕官之人ナラストモ各如此之由候也、穢物御座ニテ各ケンエイ、院御所之事也、」

（48ウ）

一、院・女院兩御所諒闇以前五度、此前後醍醐院ニテ御座、今度マテ六度也、

一、諒闇之御茵《シトネ》、

はたのまわりりうもんのあや、にふいろ、なか同、あやしろし、

一、御おひつねのくミ御色ニふ色、今度又白御事も候也、これハ御小袖のうへニ御さたの也、ない〳〵御さた候也、

一、今度極﨟素服之様、五辻殿〔富仲〕也、

ウヘノキヌツルハミ、生平絹、表袴面白ハり、ウラカンシイロ、

五辻殿素服之時、ヲイカケトラル、面白セツ也、素服如此候也、

素服脱ぎ様
官女の装束

一、素服今夜御ヌキノ諸卿・女中北門外ニテ北ムキナカラ、公卿ハ極臈取之、殿上人ハ出納、次女中コモヲシキ御出候、今度キヌカツキ」上コハ御キヌ、ヒアフキヲカサシ御出候、今度ハ無其儀、ニヨウクワンカヌカせ申之、次倚《マヽ》廬ヨリクワンカウ、次陣之儀候也、

(49オ)

一、素服人數倚《マヽ》廬十三日間、以前ソフクキタル分、倚《マヽ》廬御所之後、素ヲチヤク、今度モ如此候也、吉日ニ可着候也、」

(49ウ)

廿八日、晴、夕立、辛卯、

干魚

一、郡家殿使高田方出候、ヒヤムキ・ホシウヲ・酒候、以前御僧借錢返弁、鷹司殿御礼各納之、此方六貫文預候也、

廿九日、晴、壬辰、

土岐成頼に禮

一、土岐殿遵行礼太刀代一貫四百文取之、

一、濃州より辻中務上候、本所へ小あひのすしおけ五上〔進〕上候、

町代

一、町代廿文、さい一、

（貼紙）
『五月分
請取七石一斗五升
代七貫文

入目六石四斗二升五合
殘七斗二升五合、六月ニなる、』

（50オ）

日蝕

長享二　六月一日、晴、夕立、日ショク、癸巳、

一、吉田方上洛、シンシカ、

一、石法師坂本へ下、遵行取返候也、

御供

一、自東庄（山科大宅郷）大津梃一上候、御供二前上也、

朔日祝

一、各礼ニ出來候、もちいニて酒候也、

一、筑州爲礼出來候也、佐渡守出來候、酒候也、

二日、晴、夕立、甲午、

山科東庄より檜扇襪石帯を上る

一、東庄中書（頼久）被下候、御ひあふき・御したうつ・石帯上候也、

雨傘

一、雨カサ二本三百八十七文、あふらまてさし候也、又二本三百五十文、』

（50ウ）

三日、晴、夕立、土用ニ入、乙未、

美濃國多藝庄長夫參る

一、多藝（美濃國多藝郡）長夫二人今日參、御礼物三千疋、御倉納候也、

嘉樂門院五七日御經供養行はる
導師

御經は提婆品

土岐成頼に禮す

谷川入道

一、大宅より大津梴二、人夫一人上候也、

四日、雨、夕晴、▒▒丙申、

一、南洞院(房實)昨日より御出候也、

一、伏見ハンシユ院五七日御經供養、着座本所(山科言國)衣冠ニテ御參、道(導)師近衛坂(房兼)、タイミヤウ南洞院、
御布施百疋、道(導)師五百疋、か樣御佛事五シユンナントノ時、先御僧衆ナイタウチウ後ニ着
座、町殿(廣光)狩衣候也、御歸之時ハ御ツマ(勸修寺經茂)・小川坊城殿(俊名)御出、御供衆マテ飯在之、御きやうたい
はほん參、代二十疋、本所・南洞院・予・彦兵衛(大澤重致)・彦三郎御寺ニテ御トキ候、御供予・彦兵衛・
彦三郎・智阿ミ・彦四郎・彦右衛門、かりきぬ・□くツ、廿文、」南洞院御供二人、予供右衛門・
与三郎・いし・千松、人夫二人、各餅、御梴一、

(51オ)

五日、晴、雨、丁酉、

一、三貫文かり、ひせに、土岐殿(成頼)礼、竹阿ミ、

六日、晴、戊戌、

一、自東庄人夫一人上候也、

一、谷川入道今日出來候也、河内事申、

一、安禪寺殿(観心尼)、本所チマキ一合・桶、庭田殿(雅行)ウリ・柳一か、正親町殿(公兼)一桶・土器物三、今日三人御

出候也、

一、彦兵衛尉遵行礼ニ土岐殿持太刀一腰代一貫五百文、齋藤左衛門尉(利爲)ニ百疋遣之、供与三郎・千松也、今夕歸候、道物十疋、」

土岐成頼齋藤利爲に多藝庄遵行禮をなす

(51ウ)

七日、晴、己亥、

一、五十嵐方・二郎九郎兩人召上候て、昨日人夫ようの出候者出上候、其事堅申之、

一、齋藤丹波使辻中務出來候、今度多藝御代官職御礼ニ、本所へ齋藤越前守(利藤)持太刀一腰千疋、予ニ持太刀一腰三百疋、禁裏御請文、齋藤越前、同左衛門尉一通、兩通、越前守せイモン状一通、請人在之、本所太刀被置礼物御返し〔處〕也、色々申置候也、此御礼物千疋、百疋上様、四百疋本所御置、五百疋此方へ下行候也、各酒被下候也、

齋藤利藤山科家に多藝庄代官職の禮をす
禁裏へ請文誓文狀を出す

八日、晴、庚子、

一、永壽院御時御出候也、

一、安禪寺殿本所時點心御出候也、」

(52オ)

九日、晴、辛丑、

一、禁裏予今朝多藝事參、請文、越前守・左衛門尉キシヤウモン等三通丈返給候、傳奏可參之由候也、則辻方召遣之、

多藝庄事につき參內

十日、晴、壬寅、

谷川入道來る

一、谷川入道出來候、酒、花、河内事申之、御奉書行申之、三位入道殿（斯波義敏）參候、花上也、

十一日、晴、夕立、癸卯、

地祭

一、地マツリ候也、

(52ウ)

一、辻方朝飯、サイ六・汁三・飯、其後本所御出、御サカ月給之、太刀トラセラレ候也、

一、南コンヤサ、ケクレ候也、南洞院御出、非時中酒候也、

十二日、天晴、甲辰、

一、法住寺殿十疋下行候也、

一、ふきくれの代百疋渡之、竹阿さ、けくれ候也、

出雲國千家鄉へ折紙を下す

大澤久守折紙案

一、雲州千家鄉地下へ折帋案、与三郎取之、

本所直務代官を入部せしむ

一、雲州千家鄉事、自本所直務可入部代官間、年貢諸公事物以下可被拘之由之狀、如件

長享二

六月十三日　　久守判

當所名主御百姓中

十三日、晴、乙巳、（53オ）

月例念佛

一、御念佛如例、

一、衞門さゝけくれ候也、

美濃多藝庄請人林河内守

一、今日多藝請人被見候、林河内守請人一通候也、歸ニ出來、干飯酒候也、大本庵坊主出來也、兩人也、

立花を見る　斯波義敏より草花を給ふ

一、立花一見、歸ニ甘露寺（親長）殿參候也、勘解由少路（斯波義敏）三位殿草花給候也、

十四日、晴、丙午、

山科大塚郷にて切腹する者あり

盆山石

一、飯肥（飯尾爲脩）米分ソヘ一駄ニシナシ今日遣之、五靈殿へ也、五十嵐方上、昨日七郎左衞門小僧於大塚郷腹切圓寂之由候也、比興、、、盆山石二上候也、彦兵衞東庄へ下、今夕五十嵐同道、」

十五日、晴、丁未、（53ウ）

鮎

一、高野蓮養本所へ鮎一折百廿、予一籠百、本所へ之ハ藤中納言殿御方へ參候也、

美濃多藝庄預所職補任狀案

一、多藝庄　禁裏補任案文傳奏出之、

一、下　禁裏所美濃國多藝庄沙汰人百姓等、

定補　預所職事

右以人爲彼職、任例可令執行庄務、沙汰人百姓等宜承知、勿敢違失、故以下、」（54オ）

齋藤越前守利藤

長享貳年六月九日　　袖ハン也、勸修寺殿

傳奏勸修寺教秀袖判をなす

一、大本庵革手地頭代官事、千疋ニテハ無承引之、

革手郷地頭代官

十六日、雨降、風、戊申、

一、齋藤越前守本所直御返事、太刀一腰吉平、丹波御返事候也、予越前ニ太刀一腰貞行御返事候、丹波ニも御返事候也、革手郷當月分千疋納、則請取遣之、辻中務丞酒候也、傳奏ヨリモ御太刀・杉原十帖・扇候也、御對面酒被下候由也、

革手郷當月分千疋貢納請取を遣はす

一、彦兵衞尉上候、五ケ庄渡邊折帋候也、此方へも申之、此方文書案文之由候也、政所のひくつ十きん上候、二百文分、

一、千阿御時ニ御出候也、夕宗鏡麥飯マイラセ候也、」（54ウ）

十七日、雨降、己酉、

一、宗鏡出來、本所うりまいらせられ候也、彦三郎宇治へ被下候、

一、しき三こんのひきわたし、つねのハあし二三かさねてけつり、かけ五七九、ことなるとき

式三獻の引わたし

五かさねてけつり、かけ十二、十三なり、

十八日、晴、又雨、庚戌、

麦飯

一、宗鏡麦飯ニ出來候也、

足利義尚山科七郷に竹三千本を課す

一、山科七郷へ近江御所様(足利義尚)竹三千本進上之由候、色々郷中わひ事にて、ふとさ八寸竹百本・四寸竹三百本進上候、二百疋奉行、五百文使沙汰、又中間ニ二百文沙汰之由、大宅里より申之、」

(55オ)

十九日、晴、辛亥、

一、宇治より彦三郎被歸候也、

薄帷

一、大塚郷ス、キ使ニ出來候、宿候、薄帷之事、

廿日、晴、壬子、

播磨國下揖保庄代官善勝院順榮沙汰

一、播州下揖保庄田中將監方上狀候間、坂本ハマ善勝院順榮請文沙汰候也、今日是へ出來候也、

播磨國下揖保庄代官職請文案

案文、

山科殿御領播州下揖保庄領家方御代官職事、定申条々、

請切

一、於御公用者、爲請切之地、每年京着捌拾貫文宛、可致其沙汰之事、

干風水損沙汰に及ばず

一、天下一同雖有干風水損之儀、御領請切上候上者、不可及其沙汰之事、

一、土産青苔五十把、鮎鮨十桶、同ウルカ拾桶等毎年可致京進事、（土産）

一、長夫壹人、自三月至十二月在之事、（長夫）

(55ウ)
一、守護役之事、地下爲守護不入之地上者、不可有御本所之御存」知、同不入之儀、如先規可致申沙汰候、八十貫文御公用之外、段錢毎年可致執沙汰事、（守護役）（段錢）

右條〻雖爲一事、有相違子細者、可被召上候、御代官職、其時不可一言子細申者也、仍執達如件

長享貳年六月廿日

善勝院
順榮判

（善勝院順榮請文案）

一、御家領播州下揖保庄領家方御代官職之事、被仰付候、雖御補任給置候、未致入部之間、在所入手候者、御補任錢等事、如御法可致其沙汰之狀、如件（補任錢）

長享貳年六月廿日

善勝院
順榮

大澤殿參

（下揖保庄代官職補任狀案）

一、補任　本所家領播州下揖保庄領家方御代官職事

右於件在所者、善勝寺順榮上人江所預申實也、條〻以請文定申上者、雖爲一事、有相違之子
(56オ)
細者、可致改易代官職、」其時不可及是非之儀、仍爲後日補任之狀、如件

長享貳年六月廿六日《(マヽ)》　大澤長門前司久守判

廿一日、晴、癸丑、
一、百文へうほうへ屋へ且下行、
一、昨日御八講無執行之、今日ヨリノ由候也、御堂作事也、自東庄上人夫二人下、
一、辻方坂本より狀上、長橋御礼狀之事申之、以前長橋有御ふミ也、
一、興法方出來、干飯ニテ被歸候也、
廿二日、晴、甲寅、
一、吉田方便狀候、渡狀出之、持是院《(齋藤妙純)》押、和田將監使木嶋と申者也、
(56ウ)
一、自東庄竹上、代一貫文分百本上候也、御八講用、人夫二人上下候也、
廿三日、雨降、乙卯、
一、芳墓《(英)》御時出來候也、
一、野口弥四郎なわ三束、八朔先申上候也、
一、御八講今日、本所御參、雜色ワラクツノモノ廿文、一本、笠持一人、御簞也、上下着、御供彦兵衞・彦二郎・彦右衞・彦四郎・与三郎・いし・千松・人夫一人、御裝束ニ甘露寺殿《(元長)》御方、

幕府等持寺にて法華八講を行ふに當り山科東庄に御堂作事人夫課す

持是院

山科東庄より竹代上る

御八講人夫

言國御八講に參會

廿四日、晴、曇、丙辰、

一、左近さゝけ一はちくれ候也、

一、土岐次郎（政房）殿本所へ使候、持太刀、先日礼、齋藤与三ト申、

（57オ）

一、今日御大工一人、本所南御エンツクロイ、彦兵衛方シヤウシ立候、箱之ソコツクロウ、花瓶タイ沙汰候也、

土岐次郎

山科家南縁修繕

花瓶台

廿五日、晴、丁巳、

一、与三郎さゝけ一はちくれ候也、

一、今日吉田方上候、三ヶ所打渡案文、齋藤越前守、

美濃國守護代打渡狀案

久徳五箇庄

一、當國不破郡久徳五ヶ庄事、任去應仁年中例、如五月廿日遵行之旨、山科殿御代官令入部候、得其意可申付者也、仍狀如件

長享貳

六月八日　　利藤判

長屋孫五郎殿

長屋孫五郎

美濃國守護代打渡狀案

二木郷

一、當國安八郡二木郷領家方事、任去應仁年中例、如五月廿日遵行之旨、山科殿御代官令入部候、得其

（57ウ）

意可申付者也、」仍如件

長享二
六月八日　　　　　　　　　　　　利藤判

和田小法師殿

和田小法師
美濃國守護代打渡狀案
革手郷

一、厚見郡當國革手郷領家方事、任去應仁年中例、如五月廿日遵行之旨、山科殿御代官令入部候、得其

意可被申付者也、仍狀如件

長享貳
六月八日　　　　　　　　　　　　利藤判

齋藤丹波守

丹波守殿

廿六日、晴、戊午、

山科家屋根葺

一、是ヤネフキ候五人一日百文宛、ケンスイマテ、彦兵衛方ハタフク、先本所御座所、次面三所」

也、各御ヒル、京フキ也、

（58オ）

廿七日、晴、己未、

山科家庇屋根葺

一、ヤネフキ一人ムマヤフク、ヘイノヲ、イ、各フカマリ候也、

一、吉田ヘンシヤ森大藏方五十疋持來候、予對面也、坂本下、

廿八日、晴、庚申、

一、勘解由小路三位殿ヨリサヨリ一折敷被下候也、本所へ少進之、

斯波義敏より針魚を給ふ

一、南洞院殿本所ウリ十五桶一、予同事、彦兵衛方同事、

廿九日、晴、夕立、辛酉、

一、過夜ヨリ彦兵衛同女カサケ宗鏡筑州脈也、

大澤重致同女病む

一、石法師さゝけ一鉢くれ候也、

（58ウ）

一、五十嵐方上候、色々申下、小谷坊主出來候、草花、宿候也、

草花

卅日、晴、壬戌、

一、壽シヤウノヘウホウへ出來候也、

一、自東庄柴一か、ほくの兵衛ちくさ二ハ、又一ハ七郎さへもん、ちくさ北殿進上候分也、こししやうし二

間下、七郎さへもん柴一か、

山科東庄柴等を納む

一、福田院・永壽院御時出來候也、

一、筑州へ藥代三十疋遣之、兩人分也、

一、昨日あさゝ三郎出來候、酒候也、

一、今夕輪御イワ井、予コシ申之、彦兵衛モウ〱ニヨリテ也、

山科家六月祓

上町代

一、上町卅文、

（59オ）

（貼紙）『六月分

請取　六〔七〕石四斗一升九合

代六貫文

入目　六石六斗、殘八斗一升九合』

◎以下もと別冊なるも現在長享二年正月—六月に合綴

（原表紙）（60オ）

うすきこそ人の契ハひさしけれこき紅葉のちらぬ色かハ

はおはなと
　ゆふハしきみとかきりけり
　　時〻儀也、

一、武方年貢錢・夫賃いウ也、米之夫賃如代ニテ毎〻入立在之、
一、河内米夫賃三百文、麥二百文、夏より一人七十文宛也、

長享二　七月八　九　十　十一　十二月記

（原寸縦二七糎、横二一糎）

（60ウ）

『（原表紙裏）一、濃州事持是方へ御奉書事、
一、長坂請文、彦三郎、
一、本所御地分事、
一、御所山五貫文ウル、代内一人宛廿五文、しは一か出之、代ヒキ候也、
一、東庄いなぬす人の事、
一、富・千家・鳥屋郷代官事、多久大炊助事、
一、收納十月十七日事在之、
一、勘解由少路御笙始事、
』

（61オ）

茄子

長享二　七月一日、晴、癸亥、
一、坂田方（資友）ヨリナスヒ十給候也、自東庄きこく卅五上候也、各礼、掃部助被上候也、
一、吉田方坂本ヨリ上候也、兩巻返候也、
一、かへりあるしハかりに、
一、こいはうちやうニこゝろミのミあり、

鷹の喰様
一、たかのとりくひやうありて、ニてもくうか、
二日、晴、甲子、
心經講讀札
一、永壽院心經千卷講讀札給候也、
近衛家公事
一、近衛殿宗筑後入道取候諸公事色々事、
なわ、はし、はもの、かちか、きりかわ座、近年十もん、五もんの代お又近年、しろいものうり候ものニもひはち、
三日、晴、乙丑、
(61ウ)
四日、晴、丙寅、
一、南中務女圓寂候也、今日之由候也、
粟津供御人石灰公事薄家代官押止む
一、粟津供御人おこのはう桃一持來、石はいの公事を薄殿(以量)代官雑色小嶋ト云者と、め候也、莚ハカラカサハリ取之、
五日、晴、丁卯、
山科家屋敷地打わけ
一、本所(山科言國)御屋敷御地打ワヶ候也、近藤可見候也、
幕府奉行人連署奉書案
美濃國山科家領での違亂停止を命ず
一、山科家領濃州二木郷領家方并久徳五ヶ庄等事、既爲遵行地之處、違亂云々、事實者太不可然、早止其綺、可被全彼代、所務更不可有遲怠之由、被仰出候也、仍執達如件

長享二
七月二日　兼連（飯尾）在判
持是院（齋藤妙純）　元定（清）在判
」

持是院

(62オ)

坂田資友長唐櫃を購入

三日病流行す

近衛烏丸地事

禁裏へ草花を獻ず

上京火災

一、上様御里（高倉永繼家）へ御出候也、
一、坂田方長唐櫃五百文カイ候、今日取寄候也、
一、泉藏坊米七百文上候、カリ候也、
一、三日病今日うは、同つる病候也、世間事外はやる也、
六日、晴、戊辰、
一、宗筑後入道近衛烏丸御地事ニ出候、廿二丈六尺分注、各〻人數申之、
一、明日さうめん二百文・ミそ五十文・大津たる一召寄候也、
一、松殿（忠顯）草花給候、大澤寺一筒上候、
一、禁裏草花一筒今夕參也、諒闇之儀、御歌・花・御樂等無之、
」

(62ウ)

七日、晴、己巳、
一、過夜、上ヤケ候也、
一、しは一か、ゆ十、又かた三升上、いまかた二升ミしん、もとのミしんかたに出之、今日二か上候へき事也、五

節供役
節供二か宛候也、五十嵐方上候也、
一、吉田方下、森大藏方下、
七夕祝立花
一、予ゆかけ以後タムケノ歌七首、後御いわゐ、立花三瓶、本所・松殿・予、
一、いまおち、さゝけ一盆給候也、佐渡守方出來候也、
三日病疫神送り
一、今夕三日病、丁よりおくるのよし申、代廿文くしかきへいお入、はやし物しおくる也、
八日、晴、庚午、
炭取
一、坂田式部(資治)方すミとり一・たる一、百廿文かい候てとて候間かい候、すミとりハ本所へまいらせ候、ことのほかつまり候なり、」
(63オ)
一、永壽院御時、南洞院(房實)昨日より御出候也、
九日、晴、辛未、
藥調合守明丸命久丸
一、守明丸・命久丸調合候也、
十日、晴、雨降、壬申、
紬
一、今朝覃藏主つむき二たん、一たん一貫三百文、一貫二百文、路錢七十文、二貫五百七十文也、
妙空年忌
一、妙空之年忌、時宗二人ウチニハカマイリ、
屋根葺
一、大宅里此方屋のやねふき候也、いた三千まい、竹三百か也、」

烏帽子子

（63ウ）
十一日、晴、癸酉、
一、自東庄ゑほし子各出來候也、予分ハ三郎ひやうへ・同子七郎さへもん也、殘ハ彦兵衛か也、
然間、我ゝ酒計出之、大津榼一、飯分ハ彦兵衛、
大澤寺せかきのはたかミ、ミのかミ一帖半、らうそく一張〔挺〕下、
一、彦兵衛（大澤重致）方へ予いわゐとよひ候也、目出度〱、

山科家盆祝

十二日、晴、甲戌、
一、本所御いわゐ、御さかな、はむ、かうのもの、ちまき・うり・大津榼一入候、米屋水むけの米
出之、」
（64オ）
一、寺家殿御料人柳一か・塩引一尺・はむ、以上、今日御いわゐ候也、彦四郎十疋持來候、酒ちま〔き脱カ〕
にていわゐ候也、
一、南洞院夕かう三給候也、
一、まちのさは廿八さし、又十四日四さし、以上卅二さし、此外十さしかう、なをたらす候也、
一、はすのは十七ハ、一ハ三文宛、こんはう十二・はしかミ三ハ十二文・松十文・十二文ゑたまめ・かわ
らけ四十文・ほとけうり廿七文・ミつむけのうり十一文・なすひ廿五文・ひゆ八文・しほ二
升、又一升まいらせ候也、ゆふかう三なんとういん・ミそ百文・三文しきミはな・御くきや

う十八せん、十五せんハ公方、三前兵衞、わりこ卅七、二文わりこ、うすおしき二束、以上二

油

百十文、あふら十合かう、二合出之、佛もちい五十文、四方のミそ三出之、

十三日、晴、乙亥、

野口彌四郎死去

一、野口の弥四郎今夕圓寂候也、

味噌水

一、ミそうつにて、予・中書(頼久)・彦三郎・与三郎・千松・人夫二人、建仁寺・祥雲院、代三百文、六道、

次ゑんにし・法住寺殿」(64ウ)二百七十文下行、大宅里へ下向候也、先い、、次御はかへ、御影堂、

次いほたに、次大澤寺、次ゆニ入、次おとなさけ□□也、おさめいとうろ六かい候也、

一、大やけのミなこ五こほん所へ參候也、

月例念佛

一、御念佛如例候也、

十四日、晴、丙子、

くま二人あミたきやう十文、

一、今夕永壽院出來、御きやううらほんきやう、

燈籠を獻ず

一、禁裏御とうろ、御かくの大こ、親王(勝仁親王)御方つほニしやう〳〵まわし候也、今日進上候、彦兵衞

もたせ候て參候也、　一、野口ゝやうよりほんくまい二斗、

慶林寺地子錢

一、慶林寺御地子二百文、難波殿二百文、

一、公方御りやうくこ、きやう九前、私六前、以上十五前、わりこ廿七、彦兵衞方きやう三前、わ

盂蘭盆會

松殿忠顯來り
立花

蓮葉飯

大雨

小野竹公事錢
貢納

三日病

りこ十、

善重《御キヤウ》、禪溪、玄林、月舟、明窓、慶祐、

十五日、雨降、丁丑、

（65オ）」

一、くま今日一人あミた經よミ候、ふせ三文、昨日の二人もとなき事也、

一、今朝永壽院御出、御經、御時、御布施五十文、

一、松殿御出候、立花御立候也、

一、はすのは飯之事、公方さハ・はしかミ・しほ引、御まわり三、各さは計、彦兵衛方ハ二也、式部方・彦衛門自私遣之、彦四郎ニハ代十疋、酒の也、殘ハ去年分、坂田方、同子各コレニテ酒也、いわゐ候也、

一、三川高橋方ヨリはぬい十ハ上候也、則御返事候也、

十六日、晴、過夜大雨、戊寅、

一、千阿御時候也、

（65ウ）」

一、五十嵐方上候也、小野竹公事錢二百文上候也、

一、自過夜難波方三日病、タイカイ違例候也、

一、大本庵住持出來候也、

十七日、晴、己卯、

一、禁裏より御とうろ出之、ほんにも、おつまれたる所也、親王ヨリハ物のふたにかほニて、かミつ、みはつのいてたる所也、御くし也、

十八日、晴、庚辰、

坂田資治病む

一、坂田式部方違例候間、薬代十疋合刀〔力カ〕候也、

十九日、自夜雨降、辛巳、

大本庵齋藤丹波守へ状遣はす

（66オ）

一、大本庵より被仰候、齋藤丹波方状調遣之、吉田方へ審知客方へ森大蔵方へつふらと申處也、」

廿日、曇、壬午、

一、宗鏡御時、南洞院彦兵衛同道、御腹氣ヨリ、

齋藤丹波守中間來る

一、齋藤丹波中間何二郎、今日先日御返事取出來候也、歡樂仕如此候也、薬兩種遣之、

廿一日、晴、癸未、

一、七郎さへもんそは一か上候也、ほん所かた〳〵、

三日病衰へず

一、飯尾四郎方違例大事之由申、御陣より被上候也、彦兵衛うちにも被行候也、三日病にて候」也、

（66ウ）

廿二日、晴、曇、甲申、

南洞院房實大澤重致方來る
山科東庄小野竹公事錢
深草竹公事錢貢納
山名政豐播磨より退く
松殿忠顯奈良下向
坂田資友に八朔用太刀貸す

一、宗鏡非時候也、
一、南洞院赤腹トテ御出候、路次簞、彦兵衞方御座候也、
一、自東庄小野竹公事錢五百文、三百文ハ大津榧代引之、以上八百文、先日二十疋、當年ハ百疋出之、しふかき上、卅文かう、則つき候也、
一、ふか草竹公事錢百疋納、米下行、
廿三日、晴、曇、乙酉、
一、去十八日山名殿（政豐）播州取ノカレ候也、
一、芳墓（英）御時ニ出來也、
廿四日、過夜風、今日マテ吹、丙戌、
（67オ）
一、今朝松殿中將殿御出、南都へ下向候、名香三色御所望候也、」進上候也、
一、東庄米事申折帋下、
廿五日、曇、丁亥、
一、西鄕方へ坂田方被遣狀候也、
一、御憑御用ニ太刀一腰坂田方へ借遣之、しち《ヒセニ》六百文、
一、今夕宗鏡飯マイル也、陣後コシラへ進之、

斯波義敏より丹波瓜

一、三位入道殿ヨリ丹波うり五籠給候也、畏入之由申之、

廿六日、雨降、戊子、

茶筅

一、大塚方人上候、茶せン二彦兵衛方へ、

一、そは二郎九郎一か、これにてすミ候也、

御乳人違例

一、御乳人茶二袋、就違例進之、中書へ十疋遣之、地子ニ、

廿七日、晴、己丑、

(67ウ)

一、芳墓〔英〕花立候也、則被歸候也、

一、古竹之タイマツ六、今日サせ候也、

斯波義敏より召さる

一、三位入道殿使小林二郎右衛門出來也、可參之由候也、

長坂口關代官改易を申す

一、今日長坂關代官衛門五郎所可代官改之由申之、

廿八日、曇、庚寅、

長坂口關代官六七月分公事錢を滯納

一、今朝長坂關代官右衛門五郎所へ与三郎遣之、對面委細申、去月・當月分も不可出之由候也、

大澤久守折紙案

一、下揖保（播磨國揖保郡）ヨリ注進候、野州兵庫頭方違亂、地下折帋案文、

一、播州下揖保庄事、野州兵庫頭方違亂之由注進候、更本所不及覺悟候、然上者、任當代官下知、

（68オ）

御年貢・諸公事并」長夫以下、早〻可被致其沙汰候也、仍執達如件

長享貳
七月廿八日　久守判

當庄
名主沙汰人〻中

大澤久守書狀案

自下《コシフミ》揖保庄注進到來候、則本所致披露候處、方〻違亂候共、不可有承引候由、御代官方へ堅可被仰下候之由被申、地下へ折帋調進之、御心得候て可被仰遣候、恐惶謹言

七月廿八日　久守判

難波三位殿御宿所

長坂口關代官今町彦三郎を補任

一、長坂關代官御月宛無沙汰候間、申替候也、いま、ち彦三郎三百文御月宛今日納申之、」

（68ウ）

廿九日、雨降、辛卯、

山科東庄新米を納む

一、自東庄新米五升、今日始上候也、右衛門下候也、

一、町廿文、廿文（マヽ）

御米請取、七石二斗八合、代五貫九百四十文、入目六石四斗八升三合、殘七斗二升五合、」

長享二　八月一日、雨降、壬辰、

（69オ）

山科東庄民餅柿を納む

一、自東庄（山科大宅郷）色〻、二郎九郎餅・柿二籠・御榧一・栗枝等本所（山科言國）へ參候也、三郎兵衛同前、餅六十・柿同・榧、七郎右衛門榧一・柿一籠、兵衛九郎餅六十・柿六十、彦兵衛（大澤重致）方へ柿一籠・餅廿、中書（賴久）餅五・柿十、

一、坂田（資友）方さゝけこほしくさきあへ物・柿廿・餅十、自是遣之、

河原者來る

一、河原者二人出來候、御こんかう二そく・はうき一・もちかき酒候也、

唐芋

一、坂本彦二郎入道唐芋十本、ミの小刀一下、菅浦（近江國淺井郡）小麥十九日上候之由申之、

一、高橋マンチウ廿出之、

八朔祝

一、御いわゐ、本所御たる・もちい・かき、私中間、彦兵衛方へハこなたより下行、」

（69ウ）

一、馬場四郎兵衛、五十嵐方上候礼也、酒候也、

禁裏及び幕府へ八朔の贈物を遣はす

近江御所

一、禁裏（後土御門天皇）御憑太刀一腰金・杉原十帖、御返糸巻、

親王（勝仁親王）御方太刀一腰、同御返事金、東山殿（足利義政）御太刀一金、御返同前、奉行伊勢いなは、近江上様（足利義尚）御太刀一金、高倉殿申被進候也、御雜色彦四郎持參候也、人夫地下者也、

一、宗鏡出來候也、南洞院（房實）御脈也、

二日、雨降、夕晴、癸巳、

一、宗鏡御時ニ出來候也、彦三郎今夕遊候也、

御供

一、御供ニ前自東庄上候、

長坂口關代官職請文案

一、長坂口御關請文、彦三郎か案文、

「

預申　禁裏御公領長坂口率分御代官職事

月宛五百文
路次留の場合は三百文

一、毎月於御月宛者、伍百文取沙汰可申候、若路次留候者、三百文進上可申候、又京中如先〻無爲候者、如元百疋進上可申候、御月宛者毎月晦日ニ可致沙汰候、於役所、背先規之法、對旅人ニ致緩怠者、一段可預御罪科、

（70オ）

役錢取樣事

一、役錢取樣之事、可爲如先規候、聊不可致率尓候、

正月八月十月十二月の禮物

一、正月御礼、八月御礼、十月菜、十二月鳥一番、

右背條〻、御月宛以下、雖爲一月、於無沙汰者、被召放御代官職、他人ニ可被仰付候、其時一言子細不可申候、仍請文之狀如件、

長享貳年七月廿八日　　彦三郎判

飯尾爲脩へ柿を遣はす

一、飯尾肥州(爲脩)へ柿一籠遣之、御返事候也、

桂林寺へ地子錢を濟す

一、桂林寺殿御地子三十疋分、今日すまし候、請取給候也、

三日、晴、甲午、

(70ウ)

一、彦三郎おと、御僧上候、もちい酒候也、歸候也、

山科東庄御所山

一、自東庄五十嵐方政所上候、御所山なうつき代の事也、代貳百文カリ持來候、

美濃國多藝庄請人に年貢催促

一、多藝(美濃國多藝郡)請人之所へ傳奏御雜色、此方右衞門遣之、去月御月可進上候之由申之、二三日間可上之由候也、

四日、晴、乙未、

一、勘解少路(斯波義敏)三位入道殿參候也、

五日、晴、丙申、

一、自東庄新米上候也、

一、きつね人ニとつきたるニハけいとうけをせんしてあらふ也、□にてもかいニても、

(71オ)

六日、晴、丁酉、

美濃國多藝庄七月分公事貢納

一、多藝庄七月分十五貫文今日納候也、

七日、晴、夕雨、戊戌、

正妙年忌

一、正妙十七年、福田院御時、

近衛地所

一、近衛御地宗筑後入道・慶圓兩人、御牛飼與三人也、此方予・中書・彦兵衛・彦三郎・智阿ミ・竹阿・与三郎、歸ニよひ、酒のませ候也、各、

御所山

（71ウ）

一、當年御所山うりとしニてうり候、本所御座候間」かり候て、はへ候ハぬとて五貫文かい候也、三郎兵衛・政所井下さへもん・五十嵐方榧一・ひうを持來候也、政所米かミふくろ一、三郎兵衛同米上候、山代上候也、

山林伐採の要領

山九月中ニカリアケヨ、鳥ヤスメノ松可殘之事、山久シクカラテヲク事イヤ也、

若ハヤシ殘候也、山守木ノハカンクイトルヘカラサル事申付候也、

八日、晴、己亥、

一、宇野越前守方へ予書狀遣之、カマタ方へ出來候也、

一、永壽院御時御出候也、

茗荷

一、自東庄米・ミヤウカノ子廿文ニて二百かす上候也、ミヤウカスシニ沙汰候也、

九日、晴、今夕雨、庚子、

一、今朝次郎左衛門方へ行、

一、ちくこそて三百文ひせに、たかつかさふたなし、

十日、晴、ヒカンノ入、辛丑、

山科東庄へ御影箱御樂記を下す

（72オ）

一、東庄へ予ひつ一・御影はこ一・御樂記一合下、

十一日、晴、壬寅、

十德

一、彦三郎上下十德、ひせに、たかつかさふたなし、

東庄へ繪箱御樂記を下す

一、東庄今日三合、予ゑはこ一・御樂記・高倉殿一合也、

御米上、來月十日比まて下行、

一、今夜予・彦三郎遊候也、智阿興行、

十二日、晴、小雨、癸卯、

山代

一、山代百疋上候、ハヲンシ、宗鏡ヤリ一・カフト二上候也、

（72ウ）

一、一宮周防方狀候也、則御返事、使酒候也、

積一勾當來る

一、積一勾當、同弟子出來候、一宿候、平說三句、祝言、コウヨウ樂ノヤ、

齋藤妙純請文案

一、大本庵濃州被下候僧今日被上候也、ナニモ不上候也、其次ニ持是院（齋藤妙純）御奉書御請候也、其案

文也、

美濃國二木鄉
久德五箇庄

一、山科家領濃州二木鄉領家方幷久德五ヶ庄等事、既打渡之、直入部候訖、相支輩不承及候之處、違亂之由掠言上驚存候、於妙純（齋藤利國）者更不存知仕候、可然樣可預御心得候、恐ゝ謹言

七月十三日　　法印妙純判

御奉行所

（73オ）

十三日、雨降、甲辰、

月例念佛

一、御念佛如例、

覺道卅三年忌

一、今朝竹阿ミ覺道卅三年忌之由申、福田院・永壽院、時宗一人、内外人ゝ本所・私、各御時候也、

十四日、雨降、乙巳、

一、今夕小谷坊主出來候也、

山科東庄より
米上る
冬瓜

一、自東庄米二駄上候也、大津梃一・冬苽二五十嵐方上候、四宮伊賀入道子僧同道、酒ニテ歸候、テイ首座御テ也、

十五日、晴、丙午、

一、大本庵濃州狀調進候也、

一、永壽院卅文今日被歸候、・雲寺五十文・小谷坊主卅文、坂田方・中書各五十嵐方上候也、彥三郎飛驒事東庄へ

下、

白栗

（73ウ）一、白東庄政所白栗上候、本所參、彦兵衛方少遣之、

十六日、ヒカンノケチクワン、晴、丁未、

一、永壽院廿文・千阿卅文、御時、坂田方上候、

山科東庄へ日記箱等を下す

一、東庄へ予カワコ一・同日記箱一合、以上二色下也、

十七日、自晝雨下、戊申、

東庄民米等を納む

五寸切鱧

一、自東庄大津榧二、代三百廿文、二郎九郎方より、又三郎兵衛米一斗ニテ餅數百廿三也、上候也、大塚方へ行、明日こんきりはむ五ハ、代百七十五文、以上米共七百文也、

播磨國下揖保庄年貢錢貢納

（74オ）一、嶋津小三郎下揖保（播磨國揖保郡）庄御年貢三貫文、予礼百疋、三位殿五十疋今夕納候也、

十八日、晴、己酉、

一、宗鏡出來候、餅ニテ酒候也、御料人御腹、

一、本所各御汁中酒、揖保御年貢、御靈祭也、

五寸切鱧

唐芋

一、坂本大塚方へ餅百・コンキリハム五ハ・大津榧一荷遣之、与三郎代十疋被取候也、ハマノ彦二郎入道唐イモノクキクレ候也、

十九日、天晴、庚戌、

一、難波殿中間今夕下候也、

東庄より先日納む餅數不足

一、東庄ムマ《右馬》ハシカミ二ハ持來候也、先日餅數十タラス候事也、

一、予進藤宗入道所へ先日礼、中御門殿・高倉殿參候也、」

廿日、晴、辛亥、

(74ウ)

飯尾爲脩を訪ふ

一、飯尾肥州へ予二十疋持行、湯ツケ、色〻二郎さへもん方事申之、

坂田資治死去

一、坂田式部丞方今夕圓寂候也、

廿一日、晴、壬子、

一、こん□よりなくれ候也、

坂田資治遺族を弔ふ

一、式部方へ米二斗代十疋遣之、とふらい也、福田院地火ソウ、

山科東庄畠帳作人を注すべきを命ず

御服平唐櫃等を下す

一、二郎九郎畠張（帳、以下同）注上候、餅一鉢、此張ワルシ、サク人シルスヘキノヨシ申、今日下物、御服平御唐櫃、御服大カハコ、

廿二日、晴、癸丑、

近江國鯰江庄

一、宗鏡御時、なまつへ（近江國愛智郡）、十疋、かミ三てう、藥二色おさうのふえ、」

(75オ)

一、なまつゑより人上候也、九郎との七月より歡樂候也、

山代東庄へ長唐櫃革籠等を下す

一、山の代五百文上候、なか〻らひつ一合・かわこ二・こはん一面下、

一、一貫文あちやひけい代返弁候也、いまた利在之、
廿三日、晴、夕雨、甲寅、
一、過夜彦三郎被遊候也、
一、なまつへの物今朝下、難波殿、小者下、
一、鯉二、飯尾大藏大夫(貞朝)方遣之、代百六十文、
飯尾貞朝に鯉をおくる
一、五十嵐方上候、則下、竹阿同道候也、
廿四日、晴、乙卯、
一、御雜色彦右衞門はむ五すちくれ候也、輙使歸候也、
(75ウ)
一、竹阿東庄ヨリ上候也、大津公事錢七月分出之、六百文竹な□うとの代四百文、此方へ出之、
大津公事錢
廿五日、晴、丙辰、
一、大塚鄕方ユノ山へ入トモ物共アツケラル、
一、了永餅百・栗一器・茶ヤンキ一持來候、入麥酒ニテ歸候、彦兵衞方へ餅、本所女中へ餅進られ候也、
一、今夕永壽院出來候、タイヤ、妙樹院年忌也、
逮夜
廿六日、天晴、丁巳、

妙樹院年忌

一、妙樹院（山科保宗）年忌、永壽院・御ツマ、中書・智阿ミ・御チノ人二人御時候也、

一、東庄藤二郎餅廿持來候也、則飯肥遣之、

高倉永繼山科東庄に預く唐櫃を召す

（76オ）

一、高倉殿（永繼）御預カラヒツ被召候也、右衛門下候也、

美濃國多藝庄請人留守

一、多藝請人所人ヲ遣之、未留守之由候也、

廿七日、晴、戊午、

忩氣飲調合

一、忩氣飲調合候也、

一、永壽院御時、

鰻鮨

一、廣徳庵よりうなきのすしのあらまき一給候也、

斯波義敏より立花の事に召さる

一、勘解由少路三位殿被召、花一見五瓶、予一瓶立之、酒候也、

廿八日、晴、己未、

山科東庄おとな畠帳を上る

一、兵衛九郎もちい棰一持來候也、二郎九郎畠張事上候也、

一、少納言女訪ニもちい十六遣之、難波殿御年より八遣之、中書女十遣之、

一、あさミ出來、餅酒、十垂宇相殿出來、餅酒候也、

（76ウ）

廿九日、自晝過雨降、庚申、

一、南洞院御腹御本腹（マヽ）、今朝御歸候也、吉祥院八講御出候也、

一、栗粉餅、本所・兵衞・水巻入道出來、喰也、

一、町代四十五文上也、

一、坂田式部方女方へ米一ハコ遣之、

一、多藝請人所へ此間ハ日々衞門遣之、

山科東庄より藁を上す

一、自東庄ワラ三丸上候也、

一、御米請取九石五斗八升八合、此内カイ米二貫文、入目七石四斗八升九合、殘二石九升九合、九月分こし候也、」

（77オ）

長享二　九月一日、雨降、辛酉、

御供

一、御供、今日ニ前上候也、

菊の綿代

一、きくの御なかの代二十疋、十文きわた、あかはなの代、

二日、晴、壬戌、

山科東庄御所山代を納む

柴代

一、自東庄（山科大宅郷）御所山代今日一貫五百廿二文上候、一貫五百文以前上候、五百文ミや御きやうかりや、二百文御こしかりやのくれ、一貫二百七十五文、柴代一か廿五文宛五十一か、惣合候て五貫文也、人數五十一人也、

薑

一、はしかミ京ハふこのもの三河介《ミかわのすけ》もちい一こ、はしかミ持來候、東山ハとの、ものうる、近日いなり衆うるをと、むへきよし申之、」

稲荷衆

三日、晴、癸亥、

（77ウ）

過夜徳政土一揆蜂起

一、過夜五時徳政之由申、辻〻門〻火ヲ燒、与三郎鑓ヲウシナウ、先此方借候也、

山科七郷竹公事錢納む

一、七郷竹の公事錢今日出之、弥六・衞門上候也、

四日、晴、甲子、

一、中條內者杉宮松方へハム五・小ふな廿・柳一荷遣之、

五日、晴、乙丑、

年貢の栗小さきため返却す

一、栗御年貢今日納候處、事外小候間、返下候也、」

六日、晴、丙寅、

（78オ）

斯波義敏へ物を贈る

一、勘解由少路（斯波義敏）三位入道殿栗粉餅一籠・栗一籠・土器物三・ハム〳〵・ハシ〳〵・ハシカミ・大津榧一荷、予進之、

年貢の栗大なるものを納む

一、栗御年貢今日納、栗大シナヲシ、山守上、ワヒ事、酒ニテ返候也、

中 三斗九升五合　はやしとの　三郎ひやうへミヤケ

中 二斗四升　大竹むろ　二郎九郎ミヤケ

上 □斗三升　ひこ大郎ミヤケ
上 七升　ひやうへ九郎ミヤケ
上か中なり 一斗　泉藏ミヤケ又合カキ　上か中ニナル 一斗　せイハンミヤケ
三斗　七郎さへもんミヤケ・ひこ二郎兩人出之、

（78ウ）」

禁裏及び宮家へ栗獻上

禁裏(後土御門天皇)　三升カコ　親王(勝仁親王)　一升五合カコ
伏見殿(邦高親王)　一升五合カコ　安禪寺殿(観心尼)　一升カコ
二宮(尊敦親王)　一升五合カコ　長橋　一升五合
一斗五合　中ないし殿　是ノ上様　一升五合

諸家へ栗進上

本所(山科言國)　一升　日野殿(政資)一籠一升五合　おかたの御ちの人　一升

（79オ）」

高倉殿(永繼)三升　同女中一升五合　同御方(永康)一升一合
一升御方様(山科定言)、一升ひめ御料人、一升小御料人、一升若御料人、一升大夫殿、一升五位、
一升御ち、中書(頼久)一升、下用一こん 坂田方(資友)同、式部女同、智阿ミ同、少納言女同、ひこ四郎同、与三
郎・千松・花山院御局一升、廣橋殿御局・庭田御局同、(殿脱カ)庭田殿(雅行)・民部卿(白川忠富)・勸修寺殿(教秀)三升、ひ
こ三郎一升、伊勢右京助一籠三升、東山殿寺家御料人一籠二升、かもんのすけ一升、お

結城尚隆

飯尾爲脩
甘露寺親長
中御門宣胤
飯尾元連

東山酒屋

飯尾四郎に全快祝す

（79ウ）
ちよ五合、三條殿二升かこ、中坊一升、結城近江介(尚隆)一籠三升、同九郎二郎一升五合、」彦兵衛内(大澤重致)一升五合、飯尾豐前一升、同四郎方へ二升、いけくり二升斗、南洞院(房實)一升、薄殿(以量)一升、淺見一升、越後守・秋場伊豫一升五合、本誓寺同、おこ一升下用、つるいし同、あま同ほん・竹阿下用一升、同女同、入道同、さこ・こんや・さかや・窪田方一升五合、存阿一升、智阿母・難波殿一升三合、飯尾肥州(爲脩)一升五合、松田對馬守(數秀)一籠三升、甘露寺殿御方(元長)・佐渡守・甘露寺殿(親長)・ひこ一升、中御門殿(宣胤)一升、飯尾次郎左衛門(爲弘)方一升、渡邊方一升、大藏大夫二升ほん、豐筑州一升五合、町殿一升、かゝやま殿一升五合、宮内卿一升□、飯尾大和入(元連)道三升ほん、寺家殿三升五合、同女中二升五合、へんのとの・ひこ二郎入道二升、一升五合与三入道、やまと一升、かゝ一升、五合しゆん、攝津守□□□、鎌田方一升、近江
（80オ）
守一升、本庄三郎右衛門一升、賀州ハ栗一升五合也、大本庵一升五合、櫻井方・」飯尾左(爲規)衛門大夫一籠、筑前八合、東山酒屋・西林院一升五合、へウあん三位一升、彦右衛門一升、宗鏡一升五合、善長寺、

七日、晴、丁卯、

八日、晴、戊辰、

一、飯尾四郎方へ鯉二・柳一荷遣之、就違例本腹(マヽ)之儀候也、

一、所々へ栗遣之、
一、永壽院御時出來候也、
九日、晴、己巳、
一、さかや飯出之、
深草郷土器出す
一、ふかくさかわらけ出之、飯酒代廿文取之、
重陽祝
一、かすか宮三王やしまへ、今朝御供參候也、
あかい、にて各御いわゐ、酒の口あけ候也、もちいの米、昨日五升上候、うるの米ませ一斗
二升さた□と候由候也、
地下葺屋根替
(80ウ)
一、五十嵐方上候、色々申付候也、地下のくすや□〔ねカ〕わらかへふき候也、
深草郷刀禰
一、ふかくさのとねかわらけ進之、い、さけ廿文下行、
十日、晴、庚午、
一、今日、坂本栗遣之、使右衞門也、寺家女中あらまき給候也、
御供
一、御供四前上候也、彦兵衞方へ餅一ハ遣之、
一、ハウヘイ出來、花立候、栗酒候也、佐渡守同子、
長講堂承仕來る
承仕の號
一、昨日御礼ニ長講堂御承仕・經師參候、こわい、酒候也、物語候、昔六人承仕號後度《ウシロト》・執事《シツシ》・公《ク》

文《モン》・僧名《ソウミヤウ》公文トテ候、此御承仕ハ正親町一家也、如此物語候也、

（81オ）

十一日、晴、辛未、

一、今日三位入道殿、予參候也、

松茸汁

一、大澤寺被上候、帋袋一・ユテ栗一鉢給候、御時松茸汁、御歸之時又酒候也、

借金

一、壹貫文彥四郎方ヒケイ、六文子、借狀無之、

出雲國遙勘鄉代官改易
大澤久守折紙案

一、雲州遙勘鄉代官事、和田越前方へ折帋出候、案、

年貢催促

一、雲州遙勘鄉當代官御年貢無沙汰候間、和田越〔前脱カ〕守方へ可申合、一左右之間、御年貢以下爲御百姓等可拘置候、仍狀如件

長享二
九月十一日　久守判

當所名主御百姓中

（81ウ）

十二日、晴、壬申、

一、法住寺殿十疋下行候也、

十三日、晴、癸酉、

月例念佛
一、御念佛如例候也、

言國長講堂參詣
一、本所長講堂御參候、廳所へ本所申候、酒候、百疋折帋候也、御供彦兵衛持太刀、彦三郎・智阿ミ・彦四郎・与三郎・石・千松、

美濃國多藝庄去月分貢納
一、多藝（美濃國多藝郡）去月分納、女房御文被出候、予參也、長夫等事、

山科家和歌會
一、本所御歌、御方様・彦二郎御人數也、予詠草、

久守詠歌
關　月　すミのほる月をなとめそあふ坂の關もる人も心ゆるして
月前松　空はれて月ハくまなきすミのえの松ニいくよの影やとすらん

平胃散調合
一、平胃散調合候也、
一、昨日飯尾肥州・同豐前入道出來候、栗粉餅酒候也、
十四日、晴、甲戌、
一、南洞院御歸候也、
一、水マキ入道・二郎右衛門出來、栗ニテ色〻雜談、被歸候也、
（82オ）
一、□〔大〕本庵坊主御出候也、千阿ミ今日十六日時ニ出來候也、
十五日、雨降、自夜、乙亥、
一、永壽院御時、

一、一貫文八文子、彦四郎ひけい、小山方旼、今日也、無借状、無之、

多藝庄人夫

一、今日多藝人夫下、ゑもん二郎ひ、のすけたて候、丹波方へ予状遣之、今日下、

十六日、晴、丙子、

地祭

一、地祭候也、

一、野口大豆四ソク上候、一束本所參、一束彦兵衛方へ、二束各クワせ候也、予マメクウ、

永壽院祈禱巻數札

一、永壽院御祈禱巻數札色々、本所、予、彦兵衛方へ給候也、

禁裏へ菊花獻上

一、大澤寺より菊御上候、則禁裏參候也、」

（82ウ）

十七日、天晴、丁丑、

宣命使

一、宣命使マイツヒラキニモヤウ在之、今度大弁サンキ御着陣、奥座ニテ裾ナヲサレス候也、フシン、

斯波義寛近江御陣下向

一、武衛（斯波義寛）御陣今日下向候也、

一、南洞院御出候、唐納豆一袋給候也、仁王經被遊候也、

任大臣節會 足利義尚内大臣に任ぜらる

一、今夜任大臣節會行候也、江州御所様（足利義尚）、内弁近衛殿（尚通）、下弁（外）中御門中納言（宣胤）、松木殿（宗綱）・町殿（廣光）・中山宰（宣親）相大弁參儀也、・甘露寺殿宣明（命）使、

小除目上卿

小除目上卿三條西殿（實隆）、執筆萬里少路（賢房）弁、敍位在之、

拜賀參制〔列ヵ〕公卿、涼〔諒〕闇之間無舞、二拜候也、
シ、ヤウツホ・ヤナクイ・ケンネイヲイカケ・アサクツ・弓持、裾ヲサケス、ム、日野殿ヨリ

昇進公卿

御出、近衞殿、昇進人々、中御門殿大納言・松木殿同・中納言甘露寺殿御方〔元長〕・日野殿〔政資〕大弁、頭
中將三條〔正親町三條實望〕御方・正親町〔實澄〕西、」

□□□〔十八日〕、□〔晴〕、戊寅、

（83オ）
一、東庄石法師下、色々事、御宮御經、かりやふき候之由、五十嵐方申之、
一、式部方女ニ米遣之、

播磨國下揖保庄代官方長夫

一、下揖保〔播磨國揖保郡〕代官方長夫地下へも折帋遣之、

十九日、自晝雨、己卯、

一、大本庵御僧昨夕上洛、今日被出候也、書狀共候也、ツムキ一段□也、彥三郞被遊候也、

大般若料杉原紙

一、五十嵐方上候、大般若料杉原廿五マイ・雜帋一帖遣之、昨日御經かりやふく、ふきちん・く
ひ物ちけより、けんすいハ此方先々よりさた候也、」

（83ウ）
廿日、晴、庚辰、

邦高親王に盆山進上

一、伏見殿より盆山子ニ被置候也、今日進上申候也、御使ハウヘイ、

廿一日、晴、辛巳、

一、御陣御所御礼析ニ大宅米三貫文ニテウル、其析ニ今日竹阿下、今夕上候也、石法師今日上候也、

南洞院房實立花給ふ

一、南洞院立花給候、窪田方菊クレ候也、

廿二日、晴〔雨〕降、壬午、

大澤重致彦二郎を折檻す

（84オ）

一、彦兵衛今朝彦二郎打タ、ク、予出向、本所之」近所之間申之、事外腹立、一日物クワス候也、比興候也、殊〻色〻申之、曲事也、

廿三日、晴、癸未、

一、はうゐい時ニ出來候也、

山科東庄政所より注進小南中務田の稲盗まる

地下として討つべし犯人屋戸を結ふ

一、東庄政所地下ヨリ注進上候、去廿一日夜、小南中務田之いね、たんはうちくらと申を、いのうへのけんないか子ゐもん二郎ちふとゆふぬすミ、かりぬしかいなはニほすミつけ、地下としてうつへきよし申處ニおちてゆく、かのやとおゆい候のよし注進候、此方田地三反つくり候間、いはのいねしるすへきよし申、いや六・ゐもん下候也、子ハゐもん五郎ちふと云、

廿四日、晴、甲申、

一、大澤寺より上候菊、細川ツノカ方へ進候、彦兵衛方へ自筆狀候也、」

（84ウ）

一、今朝大塚方朝飯ニ出來候、サイ六・汁二・飯ニ候也、中間二人、飯之後栗粉餅・ノシ酒候也、

一、野口弥四郎子ツル法師代ハシメ礼ニ出來候也、コフ・ヒウヲ・餅・酒榼一荷、弥四郎ヲヽト同道、五十嵐方同道候也、モチイニテ酒候也、本所酒進之、御賞翫候也、

廿五日、晴、乙酉、

東庄稲盗人事につき地下おとなの嘆き承引せず

一、いねぬす人事、昨日地下おとな三人上、色々歎申之、無承引之、

一、今朝弥六・右衛門・地下人夫一人御陣へ下、明日御やとの事ニ白米色々下之、今夕五十嵐方御留守之用、明日之」御供料藤二郎・四郎兵衛・三郎兵衛養子・人夫一人上候、今朝共二人也、

馬場四郎兵衛餅一器・榼一持來之、則賞翫候也、

廿六日、晴、丙戌、

(85オ)

言國近江鈎の陣に參賀

一、今朝六時本所江州御陣へ御礼ニ御參、御供彦兵衛・彦三郎・智阿ミ（卅文）・彦右衛門（五十文）・彦四郎（五十文）・与三郎（卅文）・千松（卅文）・石法師（卅文）、各わらくつの物下行、地下のもの三人、弓うつほ、各兩度のくひものハこの方さた、御出酒候也、今夕者豊筑後守方陣やニ御まり〔と脱カ〕候也、米色々持之、御太刀金二腰被持候也、直垂・御エホシ也、

一、御乳人出來候、餅酒參候也、

廿七日、天晴、丁亥、

一、永壽院御時、

足利義政山科東庄の木所望

言國近江より歸洛

東庄稲盗人事におとな共來る

松殿忠顯より唐紙給ふ

足利義政に參賀す

(85ウ)
一、東山殿御用之由昨日申之、大宅里木三間まなに木・松・しい三ほんしるし候、一ほんニわひ候よし申之、此内御ミやのを申候也之由注進候也、定事申之、
一、本所御陣より御歸、目出度、御太刀二腰御入候也、御昇進、御カイ名御礼也、申次安東右馬(政藤)佐也、過夜藤中納言御陣所、本所宿候也、七時御歸候也、
一、飯尾四郎方出來候也、自御陣、尾崎坊違例大事之由候也、
廿八日、晴、戊子、
一、三位入道殿參、白澤文字被遊候て給候也、畏入者也、
一、いねぬす人の事、五十嵐・馬場左衛門・井下左衛門・二郎九郎上候、先免礼ヲ過分申、ミこりのいたみ也、主としよりの間、これハおやの事也、」
(86オ)
廿九日、晴、己丑、
一、松殿(忠顯)唐帋廿枚持御出候て給候也、
一、東山殿御礼ニ御參、御太刀金、申次一色刑部少輔殿、無對面之、御歸ニ松木殿・中御門殿・甘露寺殿・薗殿・近衛殿マテハ御見參、御酒候也、御供彦兵衛・彦右衛門・彦四郎・弥六・ゑもん・与三郎・石法師・千松・東庄人夫一人、御コシカキ二百廿文下行候也、御輿高倉殿被申候也、
卅日、晴、庚寅、

禁裏御番衆酒宴

一、今日本所御番〻衆ニ被參候、御用ノシ一土器・ユテ栗一盆・酒ゆとう一被持候也、御前・外様御番來月よりおりかへられ候、其なこりをしみ候歟、

東庄おとな地下詫言す

一、東庄より三郎兵衛・馬場大郎さへもん・井下さへもん上候也、けんないか地下のわひ事、代（86ウ）二貫文、榁一か・たい一かけ・こふニて候、無為、政所も上候也、たふニもちいそへ物、さけ彦兵衛方へも、

町代

一、上町の代五十文、下町十文、十五十文

一、請取米九石六斗四升九合、入目七石五斗三升八合、殘二石六合、

（87オ）

長享二　十月一日、自夜雨降、自晝晴、辛卯、

御供

一、今日御供上候、二前、昨日御宮大般若札アライヨネ（洗米）上、

山科東庄民小南中務家放火さる

一、過夜小南中務家ツケ火、四時ヤケ候也、

二日、晴、壬辰、

一、今日松殿（忠顕）ハウエイ出來候テ、花御立候、

三日、晴、癸巳、

一、五十嵐方上候、色〻申付候也、

坂田資治遺族美濃下向

一、坂田式部方女子三人下、濃州へ、多藝請人所へ人を遣之、」

(87ウ)

四日、晴、甲午、

命久丸調合

一、命久丸調合候也、

一、すなうのさけの米水へ入候也、一石六斗かすなう、殘御いわ井、

一、清水さいもんのはしらたて今日候也、

五日、晴、乙未、

北野社萬部經會始る

一、北野、御經候也、今日より、

一、大塚方すゝき出來候、いよ方よりわた百め上候也、

小野大塚兩鄉鬪爭せんとす

一、小野・大塚鄉弓矢無爲候也、

一、難波殿、豐筑州御陣へ下向候也、

六日、晴、丙申、

一、三川タカハショリ茶上候、御フミ、」

出雲多久大炊助來る

(88オ)

一、多久大炊助方二十疋持來候也、富・千家兩鄉事折帋、鳥屋鄉折帋取候て、あねか小路神明神主狀ハ取可下之由申合下、明年三月まで□可尋之由候也、

大澤久守折紙案
出雲富千家兩鄉代官職多久大炊助を補任年貢催促す

一、本所家領雲州富・千家兩鄉御代官職事、此間御年貢無到來候間、多久大炊助方江預申候、御年貢以下彼方へ可被致其沙汰之由候也、仍狀如件
長享貳
十月十四日　久守判
當所名主御百姓中

大澤久守折紙案
鳥屋鄉年貢催促

一、本所家領雲州鳥屋鄉御代官職事、多久大炊助方江申合候、然者御年貢諸公事以下當代官方江可被致其沙汰之由候也、仍狀如件
長享二
十月十四日　久守判
當所名主御百姓中

(88ウ)

七日、自夜雨下、自晝晴、丁酉、

鹽穴

一、飯肥所（爲脩）へ行、二郎さへもん方事、塩穴とらせられ候也、入麥御酒在之、

一、傳奏久代、東庄小南中務火事とき、源内子おと丶を明日おとなに可上之由候也、

八日、晴、戊戌、

一、福田院・永壽院御時ニ御出候也、
一、今日自東庄可上之由候處、上候、二郎九郎・山カイさへもん・七郎さへもん・馬場太郎さへもん上候、弥六・ゑもんそへ下、」

（89オ）

九日、晴、己亥、

山科東庄民小南彌五郎人を傷つけるにより戸を結ふ

一、政所・ゑもん上候、東庄より人をにんしやうの間、小南いや五郎とをゆう、中務むこ上、礼を中候也、
一、松崎よりすいき出來候也、
一、飯尾(爲弘)次郎左衞門方明日參陣間、肥州狀取遣之、同米納三斗遣之、

十日、雨降、庚子、

東庄內検に下向

一、今日東庄內検、予下、中書(頼久)・彦三郎・智阿ミ、これハ飯過テ被上候也、御百姓色〻わひ事、まんさくの間、一りうもゆかす候也、今夜大澤寺ニ宿候也、」

（89ウ）

十一日、晴、曇、辛丑、

一、自東庄上候、樋一代百文上、各酒、栗・柿ニテ、本所・彦兵衛方へ、

宗砌式目詠歌

一、宗砌式目詠歌、十二首、青蓮院(尊應)被遊被下候也、

十二日、晴、壬寅、

一、法住寺殿十疋下行候也、

山科東庄柚を納む

一、東庄柚三百上候、卅本所、卅彦兵〔衛脱カ〕、十中書・本誓寺、飯尾二郎さへもん方今日御陣へ下向候也、

一、昨日三位入道殿ホリへ方御使候、菊礼、酒マイラせ候也、」

（90オ）

十三日、晴、癸卯、

月例念佛

一、御念佛如例、

斯波義敏に召さる

一、三位入道殿被召候間、予參候、入麥酒候也、

一、宗鏡出來候、本所御脈、

十四日、晴、甲辰、

一、鷹司三位な給候也、

東庄より飯米上る

一、自東庄御飯米上候、其次ニ大澤寺へ唐松二本ホリ下候、シヤウヒノ枝・フヨウノ枝サシ事

花葉抄を借る

ニ三位殿よりふよふ枝、花葉抄御借候也、

一、彦三郎方宇治へ被下候也、

十五日、晴、乙巳、

鳥羽米貢納

一、今日鳥羽米納之由候也、

勝仁親王へ火鉢風爐獻上

一、親王〔勝仁親王〕御方へひはちの御ふろ參候也、

言國夫人實家高倉家長谷寺觀世音參詣す

正月酒

勸修寺家人山科東庄盜犯事取沙汰

東庄年貢納

源內弟負傷

一、彦三郎宇治より被歸候、ミツカン百ミヤケ、

（90ウ）

一、三郎兵衛出來候、もちいさけ、」

十六日、晴、丙午、

一、千阿ミ御時、宗鏡弟師、

一、御里より此曉はせの觀音御物詣をくりのもの之事、被仰候間、六人進之、

十七日、晴、丁未、

一、正月酒今日作候也、

一、南洞院（房實）御出候也、

一、今夜宗鏡御時、本所御脈、

一、勸修寺（教秀）殿御內久代、源內申事取沙汰之由申之、柳一か・こふ・かき持來候也、酒候也、歸候也、

（91オ）

一、東庄收納、各いもかん・からさけ・大こんニて大酒、政所・泉藏・大澤寺・五十嵐、卅人計、上下ニ□酒と一斗五升、大こん卅ハ、からさけ四尺百六十、」ミそ五十文、しほ一升、

十八日、晴、戊申、

一、昨日筑前なくれ候也、

一、昨日源內おと、ておい、地下へ歸候也、今朝注進候也、

久守詠歌

一、去十四日、於本所落葉と也、

落葉　散か、るもみちの色ハ大井川のいせきのにしき秋やたつらん

山科東庄中務子所犯を免ず

一、五十嵐方・三郎兵衞上候、中務子御免のよし御返事、これより、

十九日、晴、己酉、

一、はく四郎兵衞上候也、酒のませ候也、

一、中條内松子・花田方同道、太刀金百疋持來候、入麥のしあわひニて酒候也、中書・彦兵衞出」(91ウ)候也、

廿日、晴、庚戌、

一、大塚のす、き出來候、とまり候也、

斯波義敏に蜜柑進上

一、三位入道殿櫁柑一折進之、

源内公事に竹阿彌東庄下向

一、竹阿ミ東庄下、源内公事ニより、

廿一日、晴、辛亥、

一、大塚坂本陣所へ弥六右衞門、大宅人夫一人、す、き方下候、ミつかんのこ一・栗一こ・宇治茶一き、又一色遣之、今夕歸候也、

深草郷刀禰竹公事錢を納む

一、ふかくさのとね、ひしもちい五十、竹くしせん五百文、さけにてかへし候也、米のうけとり

折帋出之、

大原竹公事錢貢納

一、松崎かもん方出來候、大原竹公事錢二百文被持來候、則御おんニ下行候也、

（92オ）

□いわゐ、今夕ひしもちいにて各中間まて、

廿二日、晴、壬子、

廿三日、晴、癸丑、　一、はうへい不參候也、

一、□三郎なくれ候也、

廿四日、晴、甲寅、

播磨國都多庄

一、松井方・庄方、都多（播磨國飾磨郡）事ニ宇野方へ狀遣之、

近衛房嗣荼毗
法華宗と禪宗諍論あり

一、今朝近衛（房嗣）殿御タヒ、法華宗ト禪宗ロンスル也、

過夜五靈口ニテ勸修寺殿久代ウタル、也、

（92ウ）

廿五日、晴、乙卯、

一、竹阿ミ東庄下、色〻中之、

廿六日、晴、時雨、丙辰、

一、宗鏡出來候也、

一、飯肥出來候、田村方ヨロイ・ヒタ、レノ事被申候、もちいさけ、

宿紙
一、林ひこ大郎しゆくし持來候也、
廿七日、晴、丁巳、
一、永壽院御とき、
丹波屋栗を出す
一、丹波屋栗出之、兩度分也、代三百文、一橋入道、
(93オ)
一、渡邊飯尾左衛門大夫方へ下、河内御奉書事申之、
廿八日、晴、戊午、
存阿彌花を立つ
一、予三位入道殿參候也、存阿ミ花立候、
一、大塚方へ御服キレ三色四キレ、太刀ツハフクロニトテ所望之間遣之、
禁裏へ宿紙獻上
一、しくし　禁裏一折、三位殿七、カミニツ、ミテ、本所へ六、彦兵衛方へ七進之、
山科東庄稻盜人詮議の爲武家被官來る
一、大宅イナヌスヒトノ事ニ小畠被官木村与二郎、さんしうの被官なうた、ならのひせんひくわん四郎二郎出來候、色々申、ぬす人けんちうのよし候也、
廿九日、晴、己未、
東庄庄民來る檢封解除の禮
(93ウ)
一、自東庄五十嵐方・三郎兵衛・小南中務、先日若者戸ユイ候アケ候、其礼ニ樽二・アミ物一連・大こん十ハ、コワイ、中務也、政所モ出來候、コワイ、ニテサケ、彦兵衛・彦三郎・予後ホリへ、中書、各坂田方、各本所、
山手
五十嵐山テ五十八文持上候也、

町代

一、町上四十、下十五文、廿文上、

一、御米請取八石二斗七升四合、入目六石二斗五升三合、殘二石二升一合、

（94オ）

長享二　十一月一日、雨降、庚申、

朔日祝

一、本所（山科言國）御礼御いわゐ如例候、各中間マテ、

一、今日新宮殿御ホタキ、大原僧出來候、

二日、雨降、辛酉、

一、竹阿ミ上候也、

三日、晴、壬戌、

美濃國革手鄉年貢錢貢納

一、（美濃國厚見郡）革手鄉御年貢錢千疋納、

借狀を仕置

一、教俊桶一・串柿一束・ウリカウノ物一持來候也、ムシムキノシ酒候也、三貫文借狀今月仕置候也、

一、慶円又地之事申之、此方無承引候也、

（94ウ）

一、北殿より僧御使ニ上候、今夕則御返事二百疋、吉田方へ取可進之由候也、御使ニ十疋取之、

本誓寺

積一勾當來る平家を語る

言國病み上り禁裏御番に祗候

美濃革手鄉月宛綿

濃紙

石花立に花を立つ

四日、天晴、癸亥、

一、本誓寺・同チエイ御時、宗鏡・如意庵・予・彦兵衛シヤウハン、

一、せキ一勾當御坊兩人出來、宿候也、平家三句、けいか・し、ゆん坊そんへきわう也、

五日、晴、甲子、

一、本所御もう〳〵の後、今日御番御參候也、

一、竹阿東庄下、源內事ニ、

一、濃州ヨリ藏主ワタ三百五十目被上候、一貫六百文候也也（此分）、革手月宛候也、

（95オ）

六日、晴、乙丑、

一、四手井□十疋持來候也、無對面之、

一、竹阿自東庄上候也、源內折帋出之、アニノ子ハ中タカ不存之由候也、

一、濃帋ノウシヤウ一帖彦兵衛所望也、則遣之、

一、大□五□候也、フソク在之、

一、石花立ニ今日始花立候、□松、下草きく、きんせん花、□野之小桶、千□、折節ハウエイ出來候也、少酒候也、二宮下□御所望少進上候也、

七日、曇、丙寅、

石法師元服

播磨國揖保庄年貢滞納す

坂本小麥代

山科言綱髪置着袴祝

（95ウ）

八日、曇、丁卯、　永壽院御時、

一、攝津守殿立花御所望候、松色〻進之、

一、石法師今日元服、名□弥三郎、魚一折敷・こふ一荷出之、代五十疋遣、□夜上より下まて夕飯、大酒候也、彦兵□兩種一荷候也、

一、豊筑州（統秋）うを□遣之、

九日、晴、戊辰、

一、窪田藤兵衛母方へ大しゆくし一盆・ゆとう一、るす事候也、

一、美濃守今朝到來、嶋津小三郎使揖保長夫（播磨國揖保郡）御年貢事、イマ少御待可畏入之由申也、

十日、晴、己巳、

一、坂本より小麥代三百文到來、五十嵐方、

（96オ）

一、若御料人（山科言綱）御クシヲキ、御袴着也、先こふのし・とりの子ニて御いわゐ、次こい入物、次御めし、御まわり三・しる二、各此分、若御料人ハ御まわり五、予若御料人さかつききこしめし候間、太刀金進之候也、後大御酒也、御もり五位代二十疋、中書之内とりあけ候とてわた十文め、御ち同前、

一、院廳柳（信直）一荷・こい五・ミつかんひけこ一持參候、少二こんにてさけ御座候也、被歸候也、

十一日、晴、庚午、

言國女帯直祝

(96ウ)一、今朝ひめ御料人の御おひなをし候、御帯代十疋、こふのしそと御いわゐ候、其後朝飯御まわり三・御しる二、これに御入候方各酒はかり、

一、はうゐい二宮御使、花可參之由候、明旦之由申之、酒まいらせ候也、

十二日、晴、辛未、

一、筑州出來候、酒候也、

參内し黒戸及び小御所に花を立つ

一、今朝　禁裏予花參候、三瓶、クロ戸一瓶、小御所ニ二瓶、過夜彦三郎被遊候也、

一、法住寺殿十疋下行候也、

一、□部ヌス人事ニ兩人出來候也、ヌス人ニテ無之由申之、

積一勾當平家を語る

(97オ)一、宗鏡晩留、ヤリ今日被取候、カフトハ折帋出之、中間也、酒のませ候也、平家三句、其後田樂タウフ・酒候也、積□、

十三日、晴、壬申、

一、自東庄わら二丸又一丸上候、以上兩度ニ三丸也、

一、昨日□本所御寮の前へいのお、き今日も沙汰候也、北の□沙汰□

一、宗鏡御時、積一□歸候也、四手井おと、出來候、酒のませ□

一、下のしほせ、犬の昨日□くに今日無爲、昨日の死人さんとうと申之、筑州へ右衛門くそ

くニて下候也、

月例念佛

一、御念佛如例、

十四日、晴、癸酉、

大澤重致女髮置

(97ウ)

一、今日彦兵衛尉〔大澤重致〕むすめかミおき、各こなたより沙汰遣之、小袖一・わた□〔一カ〕疋うは取之、こふのし・とりの子ニて酒候、後朝飯、さい三・しる二、公方・私同前候也、大酒候也、松崎濃州［　　］

［　］上候、奥津方、

十五日、晴、甲戌、

一、永壽院御時、

山井安藝守

一、山井安藝守方出來、一宮事申之、

和歌御會

［　　　　　］御會御歌、鷹狩、

［　　　　　］の鷹のはかせより猶袖さむき冬の夕暮

［　　　　　　　］今日被召候也、

(98オ)

一、南洞院〔房實〕御出、酒候、御とまり候也、

□□〔十六〕日、晴、乙亥、

□〔一、〕［　］□□〔東庄カ〕わら八丸上候、禁裏ニミの木五本上候、則被參候也、

目安

□〔一〕目安、治部事出之、

十七日、□〔晴カ〕、□〔丙〕子、

山科東庄庄民來る

一、自東庄三郎兵衞・□衞門・井下さへもん・五十嵐召上、治部事申狀遣之申候、酒のませ候也、

六具大黑

一、六具大黑ニ今夕御佛供、六ハイ候、明日本所へゆイタヽキ、

十八日、晴、過夜北山雪、丁丑、

ヒシオ田

(98ウ)

一、伊勢御ハヽ使鳥井新兵衞出來候、ヒシヲ田之事也、東山殿御物し宰相ニゆつるのよし候也、可被返之由候也、し□申、

一、□イ今日皆□候也、

大雪

十九日、自夜大雪下積、戊寅、

朽木中將に命久丸遣はす

一、くつき中將殿遣狀、命久丸百丸遣之、

一、水□い入道出來候、酒のませ候、

(99オ)

一、ゑもん東庄へ下、ひしを田の事、

廿□〔日〕、□雪、己卯、

四辻季經薄以量來訪

一、□北野〔四辻季經〕藪殿・薄殿〔以量〕御出候、飯之後大酒候也、

一、大塚方へひやうふ《屛風》かた〳〵かし申候也、す、き□□〔也カ〕、もちい酒候也、

一、五十□〔嵐〕□藏方□候、ゆつけ酒候也、

廿一日、雪キヘス、庚辰、

一、奥津方出來、宿、治部か事、

井筒代大工

一、井ツ、代四百文、御大工請取、今日吉日候間居候也、大工酒ノマセ候也、」

（99ウ）

一、筑州山崎今朝出來、餅酒御返事遣候也、

豊原縁秋來る

一、豊〔縁秋〕江州出來候、直秋跡事被申候、明日可參候也、

廿二日、晴、雪キヘス、辛巳、

豊原定秋

一、豊□秋猶子□一通持參候也、定秋讓狀□候也、

一、庄・藥師寺催促、遣智阿ニ候也、

四方火鉢

一、今日ふろ一取之、四方火鉢一五十文ニかい、せき一遣之、

一、芳〔英〕墓御時、

廿□□〔三日〕、晴、壬午、

山科東庄内盗犯事件に武家被官來る

（100オ）

一、今日大宅治部事ニ木村孫右衞門・同与三郎・ならの備」前□ひくわん中間出來、奥津方・彦兵衞出候てシ□申之、孫右衞門き、わけかへり候也、

大宅三郎兵衛子元服

一、□坂本こむき代百卅三文持上候也、

廿四日、曇、癸未、

一、今朝大宅三郎兵衛子ケンフクニ上候、彦兵衛エホシ□□〔也カ〕、持來色々代三貫文、タイ三・カモ一番・ノシ□・タコ・モチイ・コワイ、・榧一荷、五コン、こふ・のし、二こん□、三コン、スイ物、次ムシムキ、次入物シヨコンニ刀□代二貫五百文也、予ニたい一かけ・こふ・□〔も〕ちい百・榧一・あふき一本遣之、卅二文也、

家を継ぐ子

本所へ榧一・たい一かけ・こふ進上候也、これハ家をつく子也、」（100ウ）

廿五日、晴、甲申、

一、豊筑州朝飯候也、

廿六日、晴、乙酉、

斯波義敏笙始
師豊原統秋
器
式三献

一、勘□〔解由小路三〕□□□□位入道□海御笙始今日、御師豊筑後守統秋烏帽子上下、三位殿道服生白袴、南向、器太子丸、筑後鳳凰、先音取萬歳樂三手、次入道殿被遊候也、其畢、シキ三コン、三サカ月也、先三位殿、其御サカツキ筑後守□□〔取カ〕候時、御太刀一腰メイ物、御馬一疋代百疋也、」（101オ）其儀畢、三コン、其時予シヤウハン、ホサウカン、次□此サカ月筑後守ハシメ候、三位殿シヤク、次□筑後守太刀金進上候、予同進上候、次本所□被進候也、予取合申

之、
一、大塚方へ彦兵衛ヒフツヲ遣之、大タイ三・大タコ二ハイ也、
□〔廿〕七日、□
□文ヒケイ、
一、福田院□御出候也、
廿八日、天晴、丁亥、
一、上様よりにし被下候也、

串柿

一、大原小谷坊主ら串柿一連持候、一宿候也、

大宅里供僧泉蔵坊子元服

(101ウ)

一、大宅里供僧泉蔵坊子元服九歳、彦兵衛烏帽子親候也、代二貫文、タイ一懸・干魚一連・コワイ、一鉢・棰一荷□、三コン、刀一腰、
一、予ニ棰一□三十疋、予見参、有酒、五□三ト可申、コノミ也、
一、□板のわりき六ハ、今日御進上候、大宅ヨリ上候也、

斯波義敏山科家に笠始の禮
小川重有美濃守に重茂右衛門尉に任官

一、勘解由少路三位入道殿、本所太刀黒先日御礼、御使ホリへ、同私モ太刀金被下候也、
一、今日掃部助美濃守、彦三郎三郎右衛門尉ニナル、□飯・御汁、中酒候也、両人分彦兵衛沙汰し候て進□也、

（102オ）

廿九日、晴、戊子、

一、南洞院小谷坊主御シ、ウ二人、下部御時、

□□〔二〕ウホウヘシ筑前子ニわた廿文め、こそかミおきの□きのたるの返し候也、

卅日、雪降、己丑、

一、南洞院御歸候也、

一、せイハンシクシ一盆予、本所ひけこ一、彦兵衛同、もちい酒にて歸候也、

諸家へ納豆を進上

一、昨日寺家殿より納豆廿本所へ、廿庭田殿、廿甘露寺殿、廿中御門殿、廿民部卿殿被遣候、自是進候也、

近江國菅浦庄大豆鯉代貢納

（102ウ）

一、菅浦（近江國淺井郡）より大豆・鯉代七百文上候、今日出來候、

一、宇治小僧方よりこんにやくの□〔種カ〕給候也、

町代

一、町代四十六文、

一、米九石五斗七升、入目□〔七カ〕石四斗四升六合、残□〔二カ〕石一斗二升四合、

（103オ）

長享二　十二月一日、天晴、庚寅、

朔日祝

一、御祝如例、女中、中間各、

一、三郎右衛門方宇治へ被下候、十疋持候也、

一、難波殿老母スシ一器・ゆとう一給候也、

二日、晴、辛卯、

積一勾當來り平家を語る

一、積一勾當出來、宿、平家三句、田樂タウフ・酒候也、

御供及び米を上す

一、御供二前上候、米一駄上候也、

三日、晴、壬辰、

一、三郎右衛門被歸候也、

（103ウ）

一、宗鏡くる、積一朝飯にて被歸候也、

久守病む

一、今夕予風氣以外ニ大事候也、

四日、晴、癸巳、

禁裏より召さるも病氣の爲不參

一、禁裏□被召候、歡樂ニて不參候、花□也、

藥を服す

一、宗鏡出來候、脈、藥服、小減、

五日、夕雨、曉晴、甲午、

一、難波殿御陣へ下向候也、

薬を服す

一、宗鏡出來、薬五服、シンソ飲、

六日、晴、乙未、」

斯波義敏再三久守の様態を尋ぬ

(104オ)

一、三位入道殿（斯波義敏）より昨日、今日御使候也、歡樂御尋也、

七日、曇、丙申、

一、な三束ふる川より、

一、五十嵐方上候、色〻申付、栗一袋持來候也、

一、宗鏡御時、積一兩人宿候也、

一、ス、ハキノハキソ□、彦兵衛（大澤重致）沙汰候也、今日、

八日、晴、丁酉、

一、今日□七包出來候也、

温糟粥

一、ウンサウ各、ミヤウシヤウ、順キヤク順三光・七星・九ヨウ・廿八星、

一、永壽院御時、積一、

近江國菅浦庄大豆代錢貢納

一、菅浦（近江國淺井郡）大豆代一貫三百文、ゑもん申取上候也、」

(104ウ)

九日、晴、戊戌、

山科七郷禁裏番衆所について白川忠富に召さる

一、伯民部卿殿（白川忠富）被召候也、七郷番衆番所之事、

尊敦親王御得度の宴あり

美濃國武方郷貢納

後土御門天皇言國に久守の病状を尋ねらる

久守病後始めて食す

一、御こゆミ、御たちゐほし、今日出來候也、大塚与三郎、
一、南都延垂坊去七日□八日圓寂、注進今日候也、
□（十）日、雪下、己亥、
一、宗鏡御時被歸也、
十一日、時小雨、庚子、
一、二宮御トクト、御一コン、本御座器物二ハタチハナヤキ、ハコサシキソク、代六十・四十文、」
（105オ）
一、ミの、、武方代十貫文、つむき一たん代一貫四百文、
一、七郎左衛門よめよひ候にて、樋一・ひうを一連・大こん、彦兵衛か方へ遣候欤、
一、南洞院（房實）御出、御經被遊候也、
十二日、晴、辛丑、
一、□住寺殿十疋下行、
一、南洞院今朝御經被□也、爲予御祈念候也、
一、昨夕　禁裏本所御參、予風氣御尋、忝者也、
一、栗一袋二郎九郎上候也、おきつ方出來候、酒候也、へウ同前、宗鏡出來候、酒候也、今日予始
ゆとい、、少くひ候也、」

（105ウ）
一、いんのやう《ちやう》折帋代今日納候也、
十三日、晴、時〻雪花、壬寅、
一、宗鏡御時ニ出來候也、

源内公事につき武家被官山科東庄に入部

一、源内公事□五十嵐□先上候也、ものゝへのしん四郎披官〔被〕おさわ十人□大宅出來候也、けんちうの□也、政所へ也、
竹雪　千世ふへき庭の呉竹はをたわみつもりし雪を君のこそみん
十四日、晴、癸卯、

長講堂供僧等來る

一、今日長講堂供僧三人、御承師一人、柳一か・たうふ・くしかき持來候也、入麥サケ、チヤウカウ□」事候也、本所へ申之、
（106オ）
一、奥津方出來候、治部事申之、酒候也、

梅の枝

□□谷坊主梅枝持御出候、一枝三位殿進上候也、〔一、長〕
□高橋方出來候也、〔一〕
十五日、晴、甲辰、

備中國水田鄉公用

一、松井方彦兵衞行□水田鄉〔備中國英賀郡〕公用可渡候也、
一、永壽院・大原坊御時ニテ被歸候也、

一、昨日千松下、五十嵐二郎九郎上候、源内事也、

十六日、晴、雨、乙巳、

（106ウ）

一、千阿御時也、

備中國水田鄉年貢

一、水田鄉年貢、

十七日、晴、丙午、

山科言綱深曾木

□〔一、〕□□〔若カ〕御料人御ふかそき、彦兵衛さた候也、こふ、□にて、そと御いわゐ、

播磨國都多庄年貢錢貢納

□〔一、〕□〔都〕多〔播磨國飾磨郡〕年貢三貫文納、三百文ふるまい候也、

十八日、曇、丁未、

□〔一、〕□二キン、二百六十文ニテカウ、

（107オ）

十九日、晴、戊申、

日野富子近江鈎の陣へ下向

一、御臺〔日野富子〕御陣へ今夕御下、

□□〔一、五〕十嵐方上候、奥津方出來候、佐渡方出來候也、

廿日、晴、己酉、

一、□御時、

廿一日、曇、庚戌、

大澤重致岩屋社社參

一、岩屋殿彦兵衛參、竹阿・与三郎供候也、今夕上候也、

廿二日、晴、辛亥、

（107ウ）

煤掃竹

一、すゝはきの竹廿本今夕出之、いも一斗かう、大こん廿ハ、

廿三日、晴、夕雪、壬子、

煤掃

一、御すゝはらい、本所・私、わらハ一丸、中書之也、竹九□〔本カ〕入之、

□〔廿〕四日、晴、癸丑、

藥を調合す

一、宗鏡出來、予藥調合、ウトン酒候也、

□卷數　禁裏、本所、私、一和尚持被來候也、

○以下コノ月缺損、

〔長享三年〕 ○原表紙缺ク、原寸縱二六・八糎、横二〇・七糎、

（柳原紀光後補表紙、上書）
「延徳元
長享三年　雜記　四季十二月欠」

一、室町殿□

一、諒闇一廻寮家注進□

一、東庄定條案文、

一、七郷カスノフタノ事、

（内扉裏書）
『
（後土御門天皇）禁裏　四十八　申□
（勝仁親王）親王御方　廿六　子午
（足利義政）東山殿　五十五　辰戌
（足利義尙）室町殿　廿五　卯酉
（山科言國）本所　卅八　卯酉
（山科定言）御方様　十四　卯酉
予　六十　丑未
（大澤重致）彦兵衛　卅六　丑未
（大澤重敏）彦二郎　十　子午
』

（1オ）

長享三己酉正月一日、天晴、庚申、

吉書
弓始

一、吉書、弓始目出度候、內外、

毗沙門經

一、毗沙門經布施十文、毗沙門參候也、

一、上様（山科言國室、高倉永繼女）御帯一筋・扇一本被下候、則帯・雜帋一束參候、

一、御乳人こふ三被持候、酒候、茶貳袋遣之、扇一本子、

言國に年賀

一、本所（山科言國）參懸御目、各上様・御方御祝候、被御盃出候、御方様御飯出之、

一、彦四郎男十疋持來候、對面、酒・扇一本・二十疋遣之、

言國參內

一、本所御參內、御供彦兵衛（大澤重致）・彦二郎（重敏）・彦右衛門・□彦四郎・右衛門・与三郎・千□

諒闇により四方拜なし

（1ウ）

一、諒闇ニ無四方拜、平座□

一、中務少輔（賴久）方粟餅被持候也、

二日、晴、自夕雨降、辛酉、

一、御ヘンツイニ餅參、カンシ一・串柿一串、

一、中間トモ女飯、右衛門女ムスメ串柿二串、与三郎女コフ、左近女、彦四郎母、

山科家祝

一、本所御カ、ミ一・カンシ・ネフカ・アイキヤウ・タコ・コフニテ御酒候、各御料人様、大夫殿、少納言殿、五位、御乳人、御チ、

町代買始

三日祝

花びら餅を干す

去年興福寺唯摩會事に中御門宣胤失念の事あり

山科郷民年賀に來る山守衆

言國夫人の實家高倉家へ酒肴をおくる

（2オ）

一、私カミハ彦兵衛方行、祝候也、買始酒候也、

一、町代買始、酒卅二貫文、タワラ三貫文、カチクリ三貫文、ヨロコフ三貫文也、

三日、雨降、壬戌、

一、御祝如例、今日モ御乳人被参候也、

一、六月はなひら二百六十まいほし候也、

一、南都去年（長享二年十二月十日）ユイマイヘニ中御門（宣胤）殿失念、センソウ□コソトハ参仕僧名事也、ソウ□」□シルシ出之事也、

四日、晴、癸亥、

一、野口御カヽミ四前、はなひら一前、六□栗カヘカンシ、クシカキ、

（2ウ）

一、三郎兵衛・七郎左衛門・彦六・四郎兵衛、十疋、藏□予ニ礼上候、又山守衆五人十疋、以上五百文也、五十嵐方、野口ツル・二郎九郎、

一、彦兵衛方礼者共、

兵衛九郎・ひこ三郎・彦大郎・藤二郎・与三・左衛門九郎・二郎九郎、十疋宛、以上七百文歟、

一、御里へ本所より鯛一カケニて十ハイ、柳一か遣之、

一、御大工二人カン酒、あふき二本遣之、

一、本所御はりそめ、はなひら一わ、御酒、おこほり川はなひら一かさねつゝ、代十文出之、

山科東庄民餅大豆菜等を上す

（3オ）一、自東庄右衞門上候、御供四〔六〕前上候、代四百五十文是へ上候、地下之儀下行シテ、餅是へ三百廿枚、大豆一斗六升上候、菜一荷上候也、

言國に花びら餅を進上

一、本所五十枚はなひら・大豆一升、彦兵衞方卅まいはなひら、

五日、晴、甲子、

一、千スマンサ參、太刀金取之、

一、本所今日申候分朝飯御酒申之、女中各如此候也、

古川筑後入道

一、古川筑後入道若菜一荷、返し扇一本、使□、

一、同名美濃出來候、をし五□

六日、晴、乙丑、

一、しほ□

若菜

（3ウ）一、自東庄若菜、政所一か、ミなこ五□、三郎ひやうへ一か、七郎さへもん一か、兵衞九郎一か、

織手井上御指貫代

一、井上御さしぬき□ひりせン、三丈三尺代三貫六百文也、

一、野口よりミなこ六上候也、

味噌屋

一、二郎五郎入道久喜持來、餅酒、扇一本遣之、

一、ミそやより廿文、ミそ札ニ出之、

一、長岡よりミなこ二ニ本所参候也、

薬師寺二郎鷹を進上

一、薬師寺二郎鷹一予ニくれ候也、本所より土産御返候也、御公用ハ(マヽ)」

七日、晴、丙寅、

味噌水
山科東庄下向

(4オ)
一、これのミそうついそきすき東庄へ下向候也、昨夕より人夫一人上候、若者三四人、むかい
馬一疋、道きて先政所ニてかんもちい酒、後ニゆかけして御ミやへ下向之後、御たい酒、

東庄僧および庄民等年賀に來る

一、大澤寺十疋被持來、十文、扇一本則二十疋持行、

一、泉藏坊十疋持來候、五本扇一本遣之、

一、こほう十疋持來候、扇一本遣之、

長者代

一、彦大郎長者代の出仕とて十疋持來候也、

一、野口のわうこへのおち出來候、扇一本遣之、

一、養供庵茶五袋持來候、□」

(4ウ)
一、てうん十疋被持來候、扇一本□、

茶屋

一、茶屋ゑもん出來候、一もし持來候、扇□

一、けいりう出來候、扇一本、

西林庵

一、せいはん茶二袋、扇一本、
一、西林庵十疋被持來候、帯一筋、
一、西中庵茶五袋、帯一筋、

桂正庵

一、桂正庵十疋、帯一筋、
一、ゆニ入てのちか丶ミの祝、地下おとな酒候也、政所とまり候也、

深草鄕刀禰來る

一、ふかくさとねさけもちい、あふき二本代廿文、かわらけおく、

八日、晴、丁卯、

上洛

(5オ)

一、朝飯之後予上候也、人夫三人、中書・三郎ゑもん方同道候也、供ハ竹阿・ゑもん・与三郎・千松也、御とひくま進上候也、

餅遣はす人數

一、餅遣之人數事、無先規、御か丶みなき間、如此候也、
一、彦兵衞方へ野口か丶み一・ひし二・大はなひら一・平一、
一、中書(賴久)ニ大はなひら一・野口はなひら二、
ひこ兵衞方のひめこせ野口はなひら二、
一、ミのとのへ野口はなひら二・ひし一、
一、きやうふとのへ小か丶み一・ひし一、

一、竹阿ひし一、うは一、入道大はなひら一、
一、ゑもんか、みのはなひら一・ひし一、
一、与三郎か、みのはなひら一・ひし一、千松はなひら一、
一、さこはなひら一・ひし一、弥三郎はなひら一、

下女

一、下女野口はなひら三人二まい□〔宛カ〕□
（5ウ）
一、彦四郎小か、み一・ひし一□
一、大夫殿野口はなひら二、五位同、□はなひら二、ひし一、ふるこその面まいらせ
候也、

大鏡餅

一、東庄ニ大か、みはりて數四十、ひし五十ほし候也、

大花びら餅

一、大はなひら七十、次の四十二、ひし百五十、

鶉を給ふ

一、三位殿よりうつら十給候也、
九日、晴、時々雪花、戊辰、

薬師寺次郎を尋ぬ

一、藥師寺使候、留守之由申返候也、
一、坂本はまの彦二郎、吉田方狀上候也、
（6オ）
十日、晴、時々雪、己巳、

藥師寺次郎を訪ね對面
播磨都多上村年貢事

一、予藥師寺次郎方へ太刀金行、對面、當年より上村御年貢代官中山方より可納之由狀を出之、ツノカミトノへ太刀金ニテ行、飯尾四郎方・同二郎左衞門方・中御門殿・御里上様・三條西(實隆)殿・慈(滋)野井(教國)殿・本□寺・三位入道(斯波義敏)殿・下殿・又二郎殿・ヒキタ・二郎衞門・ほりへ・坂田(資友)方・中書・智阿ミ・町(廣光)殿、

河嶋彌九郎

一、河嶋弥九郎十疋持來候、もちいニて酒、飯候也、扇一本五十文、

言國本結始

一、本所もといはしめ酒候也、一てうし進□□(候也カ)、」(6ウ)

十一日、晴、庚午、

牛王
山科東庄政所
御供及び鏡餅
を納む

一、自東庄牛玉二本、御トミナキノハ小か□□(ゝみカ)□、御かゝみハ本所へ參、政所より御くう四前、かゝみ十三まい上候也、

一、大澤寺よりかちくり一袋給候也、

一、ミの方すゝめはこ一・あふきはこ・はなひらはこ一給候、小かゝみ二まい遣之、

一、筑州出來也、

一、宇治小僧久喜一桶給候、納豆廿・扇二本、

一、町へ右衞門行、廿文下、七十文上、もちい酒、ゐもん、予さか月十五文十九、一ケヒコ、」(7オ)

十二日、晴、辛未、

禁裏近習廷臣申沙汰酒宴あり
岩屋社大般若會
月例念佛
言國足利義政に參賀す
唐納豆
柳桶
山科東庄三毬丁竹を納む
公事柴年間の割合

一、宗鏡出來候也、酒候也、
一、禁裏近進〔臣〕申御沙汰、御カワラケノ物一ウツラ、御テウシヒサケ代、
一、明日御出供之斫人夫一人東庄より今夕上候也、
十三日、晴、壬申、
一、今日岩屋殿大般若候也、
一、御念佛如例候也、
一、本所今朝東山殿(足利義政)御礼ニ御参候、御箕代二百廿文下行、酒のませ候也、御供彦兵衛・三〔庄〕郎右衛門・智阿ミ・彦四郎・ゑもん・与三郎・弥三郎・千松、
一、井上御まくらつゝミ使ニてまいらせ候也、
一、南洞院(房實)御出候、唐納豆三袋

(7ウ)

十四日、晴、癸酉、
一、柳桶一か百
一、自東庄三毬丁竹五十かと、三郎兵衛柴一か
一、北との、分三毬丁七郎さへもん十かと、泉藏せいはん十かと、柴五〔十〕か分、正月十四日二か、五月五日二か、六月晦日二か、七月七日二か、十二月晦日二か、十か分之由候也、

一、禁裏參御三毬丁五かト、諒闇之儀ニツキテ吉書被入候御用也、十八日御三毬丁無之、

禁裏へ三毬丁竹獻上吉書

一、三位殿、又次郎殿御使候、夜前西薗(マヽ)寺(實遠)殿申事ニ予出候礼也、

一、南洞院御歸候、扇一本、茶二袋進候也、

一、松崎ヨリ久喜一桶候、(脫アルカ)扇本遣之、使十文、飯酒候也、

一、明日あつき百文ニてかう、

小豆を購ふ

十五日、晴、甲戌、

(8オ)

一、今朝本所御三毬丁三本、私三本ハヤス、吉書入之、永壽院御出カユマイル、酒候、ヒキ茶一器被持候也、カユ御時、扇一本十疋遣之、本所之面〻御粥參候也、酒候也、下部十文取之、

山科家三毬丁

一、智阿ミ母出來候、唐納豆・かゝみ小一、

一、中務少輔方女タ、キコンハウ被持候、小かゝみ二、

敲牛蒡

十六日、晴、乙亥、

一、千阿時、唐一本、

一、クマ仁王經布放(施カ)十文下行、

仁王經

一、永壽院仁王經札卷數、アライヨネ本所□方候也、(マヽ)庄藤右衞門催促候也、

洗米

十七日、雨降、丙子、

(8ウ)

一、庄催促□

一、大澤寺上洛、十疋被持來候也、宗鏡脈被□、

柚餅

一、雲寺坊主久喜柚餅酒候也、

下京鳥屋

一、下鳥や鳥一出之、

一、大津榧一上候、政所より宗鏡所粁也、今日上候也、

大雪

十八日、大雪、丁丑、

一、二ケヒコ、

參内御學問所と黑戸に花を立つ

一、禁裏今朝予花參候也、御學文書〔所〕ニ二瓶、黑戸一瓶立也、

斯波義敏に召さる

一、勘解由小路（斯波義敏）三位入道殿予被召候、御對面御酒候也、

一、大澤寺宗鏡御時、大澤寺今日被歸候也、

藥師寺方へ年貢催促

一、藥師寺催促、庄方遣狀候也、

（9オ）

十九日、過夜雪、戊寅、

一、彦衞門三ケ大事、四之ヲ、

一、庄藤催促遣狀候也、留守之由候也、

廿日、晴、己卯、

一、庄方昨日状御返事催促、猶留守、

一、餅今日各ニ參候、本所・上様二キレ、皆ハ一キレ、竹阿餅ニテ予ニタフ、

土器賣り

一、かわらけうり、かわらけ出之、あふき一本遣之、

廿一日、晴、庚辰、

言國夫人里歸り

一、上様（高倉家）御里へ御出候、今夕御歸候也、

美濃國革手鄉

一、去年美濃革手請取今日取之、

莖立

一、飯尾肥州（爲脩）ク、タチ一折・アラマキ一・柳一桶給候也、

（9ウ）

廿二日、晴、辛巳、

滋野井教國薄以量山科家を訪ふ

一、慈野井殿（滋、以下同）・薄殿（以量）朝飯御出候也、慈野井殿□被持候也、飯之後サカナ大酒候也、

一、寺家御新法師御礼御出候、酒候也、御供者マテ、

大澤寺に藥を下す

一、大澤寺藥今日下、弥三郎持行之、

廿三日、晴、壬午、

一、芳墓（英）御時也、予シヤウハン、

一、彦衞門ニ帋一帖、

廿四日、晴、癸未、

泉藏坊米を納む

淺水三郎

斯波義敏家人北村二郎左衛門と水卷入道來る

斯波義敏に梅枝進上

一、泉藏坊百疋之分米上候、納五斗五升分也、」

（10オ）一、淺水三郎出來候、酒のませ候也、宗鏡同前候也、

一、庄藤右衛門方智阿ミ催促遣之、國之狀可進候、一兩日中人お可下之由候也、

廿五日、晴、雨降、甲申、

一、宗鏡御方行、食籠一・栗粉餅上フ・カラナツトウ・ヤマノイモ、柳一荷、予・彦兵衛・中書同道、大酒候也、歸ニ甘露寺殿（元長）御方へ參候也、御酒候也、

廿六日、曇、乙酉、

一、彦衛□」

（10ウ）一、福田院坊主代小僧出來候、御時、小谷□兩人扇一本宛進之、二本也、御リヤウク候也、

一、勘解（由脫）小路殿御内北村二郎さへもん・水まき入道同道候て出來候、二郎さへもんをわりけぬき二被持來候也、餅酒、ケヌキ一本所へ進上申候也、

一、宗鏡梅枝給候、三位入道殿進之也、御悅喜、

廿七日、晴、丙戌、

一、永壽院御時、

斯波義敏に召され花を立つ

一、勘解由少路三位入道殿被召參候也、花一瓶立之、心松、左梅、下草色〻、三位殿一、二郎左衛門一、予二瓶也、

一、今日難波殿御陣（近江鈎の陣）より御上候也、」（11オ）

廿八日、晴、丁亥、

一、ヘツイノ小鯛祝候也、

薄白

一、大塚方より今夕人上候、薄白十帖給候、中間人夫一宿候也、いよ方より文候、こかな一上候、

雪積る

廿九日、過夜雪降積、晴、戊子、

藥師寺方へ年貢催促

一、藥師寺方催促ニ遣狀候、又同遍ノ返事候也、曲事候也、

一、大塚方中間十疋、予御返事申候、いよ方へ帶一筋下候也、御返事候也、本所一帖、上様一帖、彦兵二帖、彦衞門一帖今日進之也、

國代官

一、庄藤右衛門國代官方出狀、則今日かといて智阿ミ下候也、

一、彦衞門入道死去、訪ニ今日二十疋・茶三袋遣之、」（11ウ）

卅日、晴、己丑、

一、衞門は大こん□

三社託宣天神明號

一、佐渡方中御門殿（宣胤）三社タクセン、天神明號出來被持來、酒候也、藥師寺予狀ニテ催促候也、

一、御飯米五百文分六斗四升四《六》合、
一、米八石六斗六升請取、入目八石一斗四升一合、残五斗二升、此内代三貫九百八十文也、

（12オ）

朔日祝

長享三年二月一日、晴、庚寅、

一、御祝如例、各礼候也、有酒之也、中間共酒候也、
一、竹阿ミ東庄（山科大宅郷）下候也、

高野田月宛公用銭納む

一、高野蓮養月宛七百文、スシアラ巻二、此方ヨリ三本之扇一本遣之、

大澤重致斷酒す

二日、晴、辛卯、

一、自今日彦兵衛（大澤重致）タン酒也、

細川攝津守立花所望

一、細川攝津頭（マヽ）方立花心所望之間、進之、山本使、

禁裏御酒宴廷臣の申沙汰

一、禁裏御一獻、各中御沙汰、土器一、今日ツクミコサシ代六十四文參候也、
一、自東庄御供二前上候、正月餅四十キレ上候也、

（12ウ）

三日、晴、壬辰、

一、三《彦》郎右衛門方□也、

一、北野藪殿（四辻實仲）朝飯御出候也、

東岩屋社に強盗討入り神樂道具等を剝取る

一、過夜東岩屋殿へんついとの、かんたうち候て、かくらのたうく、御子いしやうことく
くはききとり候也、政所より注進候也、

一、泉藏坊一貫文米かる、五斗五升、下用ニ一石二斗九合也、

田成り代

一、田なりの代二十疋上候、竹阿ミ上ニ今日、

靈鷲院房兼圓寂　一院大事相傳

一、過曉近衞坂円寂、南洞院（房實）留守憑之申候也、昨日一院大事御相傳候也、

（13オ）

四日、過夜雪、雨降、癸巳、

一、三郎（重茂）ゑもん宇治より被歸候也、

五日、晴、甲午、

一、大塚方中間出來候、とまり候也、

町廣光邸へ使す

一、御使ニ町殿（廣光）行、豐筑州出來候、

六日、晴、自夕雨降、乙未、

山科家北の松枝拂ふ

一、北の大松枝すかし候、大宅与四郎よひのほせ候也、

一、豐筑州へりやうかう、竹阿ミかからしやうひほり遣之、

長講堂僧來る

一、長講堂寺僧東藏坊御承仕出來□

斯波義敏に召され花を立つ
山科東庄より瑪瑙石帯と雑色狩衣を上る

言國町廣光長講堂參詣す

參内花を立つ
石製花瓶を獻上

（13ウ）

七日、雨降、丙申、
八日、晴、丁酉、
一、今日三位殿（斯波義敏）被召、花一瓶立候也、
一、中書（頼久）東庄へ下、メナウノ石帯・雑色狩衣一具取被上候也、是へ又五十嵐二郎九郎上候、餅酒ニテ御ミヤノ太神樂具ウせ候事、御子トノウチニヲカレ候間、ワキタメラルヘキヨシ申之、
一、福田院・永壽院御時ニ御出候也、
九日、晴、夕雨、戊戌、
一、ニイ坊予所一夜、御タる、

（14オ）

一、本所・町殿今日長講堂へ御出候、予御供彦兵・」三郎右衛門・彦四郎・竹阿ミ・与三郎・弥三郎・千松、大津榧一か・かわらけの物二くしかき しろとん被持供僧、御大くこ聽所ニてノマセラレ候也、庭田（雅行）殿御出候、ユツケサカナ御座候也、酒候也、
一、大塚方中間ゑもん、人夫一人坂本まて下候也、
十日、晴、己亥、
十一日、晴、夕雨、庚子、
一、禁裏參、花三瓶立候也、御學文所二・黑戸一、予所持之石之花瓶進上候也、御銚子□□□（被下候カ）、」

（14ウ）
一、今夕坂本よりゑもん上候、大塚殿今日□也、以前唐風被返候、カワコ一被預候也、
十二日、晴、辛丑、
一、豊筑州今朝〻飯本所へ出來候、御樂五、三位殿御礼、高倉殿御方（永康）予參候、町殿御使ニ參候也、
酒給候也、
十三日、晴、壬寅、

月例念佛

一、御念佛如例、
一、今日彦三郎御いとま申、宇治へ行、色〻御と〻め候也、」
（15オ）
十四日、晴、癸卯、

禁裏御番大宅郷

一、禁裏御番、今日大宅里也、

山科家和歌御會

一、餘寒二月　本所御會
うすくこく霞の衣きさらきの空さためなく雪ハふりつ〻

重茂出家

一、爲本所御使宇治三郎ゑもん所へ難波三位殿・坂田方（資友）被下候、不被歸候、昨日出家候也、
十五日、晴、夕雨風、甲辰、
一、福田院・永壽院御時、

宇治へ下向

（15ウ）
一、予三郎ゑもん方宇治今日罷下、難波殿同道候也、」難波殿供者今日上候也、ゑもん一人留候

也、妙音庵五十疋、小僧二十疋、妙ニ十疋、

十六日、雨降、乙巳、

慶祐年忌

一、千阿ミ御時、慶祐年忌、有宇治候也、ウトン、

茎立
芹

一、政所く、たち一いかき、せり一いかき上之、

十七日、天晴、丙午、

宇治より上洛

一、予宇治ヨリ三郎ゑもん同道上候也、五十嵐二郎九郎宇治へ出來候、餅ニテ酒候也、京よりいや三郎下候也、

十八日、晴、丁未、

山科七郷郷民來る

（16オ）

一、七郷ヨリ西山二郎ゑもん、花山二郎兵衛兩人五十疋持來候也、餅ニテ酒候也、二郎九郎下候也、五十嵐下、

十九日、晴、戊申、

一、三郎右衛門僧今日宇治へ下、代五十疋、かわこ下、〻部兩人候也、

山科東庄より皮籠櫃上る

一、自東庄色八上候也、かわこひつ也、

一、三川たかはしすきとの、かミへ御返事ニおひ一すち下、子下之由候間、おひ三すち十疋宛、扇二本十疋宛、竹阿ニもたせ遣之、

廿日、晴、己酉、

一、自東庄今日も預候物七色上候也、（16ウ）

東庄に預く物を上す

一、宗鏡たき、へ被下候間、宇治へ狀を遣候也、

廿一日、晴、庚戌、

一、彦右衞門鯛一かけ持來候也、明日朝飯、

一、三郎ゑもん事ニ筑州へ彦兵難形行也、

一、永壽院御時マイル、

一、三位入道殿參候、桂甲・石帶・平ヤナクイ見參ニ入候也、

斯波義敏に桂甲石帶等を見參に入る

廿二日、晴、辛亥、

一、四宮の伊賀入道、七鄕ぬかかすの公事免のふた木持來候、餅にて酒のませ候也、

四宮伊賀入道山科七鄕糠糟公事札木を持來る

（17オ）

一、野村札八十三、西山十五、ヒン四郎ニ下、大宅里十二、南〔椥〕木辻十九、

一、厨子・廣大路卅五、花山十九、音羽廿、竹鼻二郎さへもんニ廿五、

一、陵廿、安祥寺六枚、四宮三、上野一枚、

一、大塚鄕五マイ、

以上貳百卅八《三十八》、此内五まい無在所、

七鄕各鄕の免札數

糠糟公事免札の書様

一、豊筑州出來、彦兵衛ニ申、三郎ゑもん事無爲之由候、比興〻〻、なわ共明日宇治へ人お下、

各此分
在所お
下ニかく

ぬかかすの
ふたのかき
やう

」

廿三日、晴、壬子、

(17ウ)

一、西林院兵部卿、本所梅小桶一、予一給候也、三位殿進候也、

禁裏御番野村郷糠糟公事免札を交付

一、七郷禁裏御番、野村郷、こきた二郎九郎ニ札八十三渡候也、御牛飼イヤヲトニ此方ノ札ノ判遣之、

美濃國所領より料足貢納請取を遣はす

一、ミのより今日拾貫文分上候、今日五貫文渡之、請取遣之、請取自濃州料足拾貫文分候也、

廿四日、晴、癸丑、

安祥寺四宮上野禁裏御番

一、今日安祥寺・四宮・上野番、四宮三郎、

一、豊筑州出來、彦三郎か事色〻申留候、則御酒、彦兵衛よひ可出之由候、我〻そきせさる候間、先おかれ候也、今度時儀兵衛比興候也、筑州へうとん候也、

」

廿五日、晴、甲寅、

（18オ）

一、音羽御番今日也、竹鼻二郎さへもんと申者渡之、

音羽鄕禁裏御番
竹鼻二郎左衛門に免札交付

一、難波三位殿宇治妙音庵ひこ三郎事礼御下向候也、介ニ十疋下行候也、

廿六日、晴、乙卯、

一、今日御番西山札渡、さへもん二郎請取候也、

禁裏御番西山鄕

一、三郎ひやうへかり米七斗上候也、

一、なまつゑ（近江國愛智郡）より人三人ふミ持來候也、

近江國鯰江庄庄民來る

廿七日、晴、丙辰、

（18ウ）

一、禁裏御番花山、札南花山大郎五郎遣之、

禁裏御番花山鄕

一、豊筑州へ三十疋、モリシタ五帖持行、留守先日礼候也、

一、飯尾肥州へ行、二十疋ムシムキ酒、久ハナシ候、

一、禁裏（後土御門天皇）今日東寺シヤリマイル、長者（性深）被參候也、大師御ケサ・仏具參候也、本所御參候、

東寺長者性深後土御門天皇へ佛舍利を參る

廿八日、晴、丁巳、

一、禁裏今日御番大宅里、

禁裏御番大宅鄕

一、一宮方より有狀、綿三百文め上候也、建仁寺スイクワウヨリノ御僧也、

禁裏御番陵厨子奥廣大路

(19オ)

廿九日、雨降、戊午、

一、禁裏今日御番陵・厨子奥・廣大路、今日札渡候、ツシノ衞門ト申者也、

一、昨日ワタ三ハ一貫五百文しちニ《日せニ》、今日より、六百六十六文ひき候、智阿ミ下路錢也、八百卅一文此方へ出來候也、

町代

一、上町五十、下町廿文、

一、彦兵衞・難波殿今日東庄下、

一、米請取八石一斗八升六合、入目六石二斗八升六合、此内代六貫五十文、殘一石九斗、

大行事

一、大行事ハ二郎九郎、南木辻者也、」

(19ウ)

長享三　三月一日、晴、己未、

朔日祝

一、御祝如例也、各礼ニ出來候也、

齋藤丹波守使來る

一、齋藤丹波方より人上候、本所(山科言國)百疋、予百疋、大本庵百疋、御月宛千疋分也、本所分ハ本所へ進上候也、

二日、晴、庚申、

一、大行事御供四前、毎月二前上候也、大津たる一代五十嵐さん用候也、

一、法住寺殿十疋下行候也、

一、三郎ゑもん上宿之、教俊鯛一カケ・桶一持來也、予出酒ニテ歸候也、

大行事御供

（20オ）
三日、晴、辛酉、

一、禁裏トリ合ナシ、就諒闇之儀無之、

諒闇により禁裏闘鶏なし

一、赤飯在之、米一斗、アツキ二升、酒屋出之、

赤飯

一、齋藤丹波方使御僧御時マイラせ候也、予シヤウハン、扇一本御僧遣之、代十疋、自本所丹波方へ扇二本代六十疋、予帯五筋代九百卅五文、辻方帯二筋代二十疋、狀御返事予申之、五十嵐方上、御番候也、

一、御祝之後宇治へ予行、難波殿・三郎ゑもん同道候也、与三郎・弥三郎・寅法師・東庄者一人、妙音庵へ予五十疋、三郎右衛門大津棰一・タウフ十丁宿候也、今日宇治橋西方一間ヤフレ候也、人四五十人ナカル、少〻アカル、

宇治へ下向す
妙音庵
宇治橋損壞し人流さる

四日、晴、壬戌、

一、上様（高倉家）御里御出候也、

言國夫人里歸り

（20ウ）
一、自宇治予今日上候、次ニ三室戸観音御參候也、今度火事ニ火中より飛御出候也、カイチヤ

三室戸観音參詣

ウ也、各〻歸候て酒マイラせ候也、

五日、小雨風、晴、癸亥、

中御門宣胤御服吉服を沙汰

一、中御門（宣胤）殿又六御使、御服吉服御沙汰之由候也、御便酒（マヽ）候也、予則參候て御色目被仰出候て御物要可申之由候也、

言國醉ひて道に轉ぶ

一、高倉御方へ本所今日御出、大御酒、道ニておわれて御歸候、けんく御まなかへ御ころひ候也、

六日、晴、甲子、

播磨國揖保庄青苔貢納

（21オ）

一、下揖保（播磨國揖保郡）ヲ（リ脱カ）今日青苔五十ハ上候、二十ハ本所へ、「三ハ□方へ、」二ハ彦兵、

七日、雨降、乙丑、

一、彦四郎さゝけニほし一盆、

八日、雨降、丙寅、

一、永壽院御時、

一、坂本へ弥三郎代催促遣之、

言國夫人高倉家より歸る

一、上様御歸候也、御里より、

一、二郎九郎十一月參宮之由申上候、飯酒、

御服事につき中御門宣胤に召さる

一、中御門殿予御服事ニ被召候也、

雷

九日、晴、夕雨風、カミナル、丁卯、

美濃國革手郷月宛錢貢納

（21ウ）一、革□（手）郷（美濃國厚見郡）月宛今日納、

一、庄藤右衞門方遣狀スミ奏者候也、

十日、晴、戊辰、

十一日、晴、己巳、

近江國鯰江庄庄民來る

一、今日なまつへ（近江國愛智郡）のもの三人ゆの山より出來候也、一宿、

十二日、晴、庚午、

一、南洞院（房實）今夕御出候也、

一、法住寺殿百七十文下行、

（22オ）一、なまつへの三人下、五十文宛取之、帶一筋・雑帋三帖・栗三袋代三十疋下、

一、三位殿參候、青苔持參候、ヒヤムキ酒候也、

十三日、晴、辛未、

月例念佛

一、如例御念佛候也、

言國法住寺參詣

一、法住寺殿本所御參候、衣冠、御簞代二百廿文下行、御供御雑色二人、坂田方（資友）・予・彦三郎御サ

山科七郷東山山荘普請役を課せらるるも免除を請ふ

本誓寺

薬を調合

御服事に中御門宣胤に召さる

飯尾爲脩より海雲給ふ

キヘ参、エホシ・上下、与三郎・弥三郎・千松・下地（マヽ）者一人袋持候也、

一、自東庄ハ、ノ大郎左衞門、自地下申事上候、東山殿御譜（マヽ）請七郷被仰出候、諸本所へワヒ事

也、諸本所之如申之由申候、歸候也、」

（22ウ）

一、本誓寺御坊御出、桶一・食籠一本所御出候、ウトン、其次ニ食籠、マンチウニテ酒候、次サカ

ナニテ大酒、南洞院御出候也、

十四日、晴、壬申、

一、宗鏡御時、予良薬調合候也、晩景如意庵出來候也、

一、中御門殿被召候也、御服御事也、

一、智阿ミ方ヨリ便宜候、六貫五百文請取候也、明後日可出之由候也、

一、朽木中將殿御ふミ、かすの袋一被上候也、」

（23オ）

十五日、晴、癸酉、

一、飯尾肥州（爲脩）海雲一桶給候、又此方ヨリ栗一裹遣之、

一、永壽院御時、大原坊主今日被歸候也、

十六日、晴、甲戌、

一、千阿時、南洞院、

一、彦兵衛今度予・三郎右衛門ニ色々申、今日南洞院本所被仰、被召出候也、比興第一也、酒候也、

十七日、晴、乙亥、

一、朽木中將殿御返事今日遣之候、筆一付下候也、」

（23ウ）

山科家和歌御會のため和歌を詠む

花　老木にも春をわすれぬ色なるに心の花のなきやうらミん

三月廿一日御會也、本所
春戀　待わふる人ハとひこてあけかたにかへるさつくるあまつかりかね

後花園院の讀法

一、後花薗院《コハナソノ、》　センケハンシンハノチトヨム也、公方ノチトハヨマス候也、樂林御出候、酒進候、色々御物給候、

十八日、晴、丙子、

日野富子足利義尚の病ひ重しとの事で近江に下向す

一、御臺（日野富子）江州（足利義尚）御所御違例大事之由とて今日御下候也、

山科郷民の家燒く

一、五十嵐方屋・彦大郎家過夜ヤケ候ヨシ注進候也、竹阿ミ二十疋持候て下候也、今日大塚郷札五マイ取之、

斯波義敏より八重椿を給ふ

一、武衛（斯波義敏）三位入道八重椿木給候也、又ホウトケ御所望候、一本進之也、」

（24オ）

十九日、晴、丁丑、

一、竹阿ミほり川自東庄上候也、

飛驒國江馬方より狀あり

一、江馬方薄白十帖、有狀、返しニ筆十管遣之、

廿日、天晴、戊寅、

御祓箱

一、二郎九郎御祓箱又フノリ・シイタケ持來候、飯酒ニテ見參候て下候也、

出雲國山科家領代官より狀あり

富千家兩郷公用事

一、多久方狀候、二十疋予ニ礼、富・千家公用之由候也、使土屋・あさ山內者なひきと中者也、大さいと中者也、

廿一日、過夜雨、晴、己卯、

（24ウ）

一、寮官子鯛三枚持來候、始礼也、予對面候也、

一、小谷坊主出來候、則被歸候也、

廿二日、晴、庚辰、

足利尊氏影像

一、尊氏御影之由被仰、三位殿被召候也、カツチウノ御影候也、別帋注置候也、

一、藥師寺方遣狀候也、同篇御返事候也、

廿三日、晴、辛巳、

一、芳墓〔英〕御時、ハラヒキラウ、

一、与三郎申候遙勘鄉事ニノリ三十ハ上候、代官ナラス候也、

後土御門天皇眞盛上人を召して法華經提婆品を講ぜしむ

（25オ）

一、シンセン〔イ〕上人於　禁裏提波〔婆〕品談儀〔マヽ〕、長橋局ニテ、

一、攝津守殿栗一折進之、興津方取次候也、

山科東庄小法師給田を他人知行するを買止む
買券に裏書加判す

一、東庄角田小法師給田之處、計會ニ他人知行之間、竹阿ミ買ト、メ、何時三貫文ニテ公方買ヘキ之裏書案文、予加判、

角田小法師質に置く
作職格別たり

一、彼角田年貢六斗、小法師給分事、依計會質物入置之間、可流之處、直錢以三貫文竹阿ミ請留上者、雖爲何時有作人申付事者、如本以三貫文可請返者、但作職事者爲各別之間、不可及是非、六斗事者給分間、彼狀封裏之處、如件

長享三年三月　日　　判計候也

大澤重致禁裏御番に參る

一、彦兵衛今日禁裏御供番入參候也、始候也、」

(25ウ)

廿四日、晴、壬午、

細川政元近江鈎の陣下向

一、細川殿(政元)御陣へ被下候、今日、少人數也、

廿五日、晴、癸未、

去年分山手納む

一、五十嵐方上候、山手去年分スマシ候也、

一、坂田方フスマシヤウシハラセ申、彦兵衛アイテ也、

雷雨

廿六日、晴、過夜雨カミナル、甲申、

一、予三位殿參候也、

足利義尚薨去　享年二十五

一、今日四時、近江御所樣御他界、御歳廿五、」

廿七日、晴、乙酉、

（26オ）

一、永壽院御時、

祭酒

一、今日三郎兵衛祭酒榼一・アミ物一連・やき米袋一・コハ飯ハチ一持來候、飯ニテ酒、泉藏坊茶五袋、同二郎九郎、同人五十嵐方家ヤク、東庄奥ワラヤ所望之由候也、予申子細候也、

一、飯尾肥前方出來候、夕飯候也、

廿八日、晴、丙戌、

山科東庄へ日記箱等を下し預く

一、東庄へ予日記箱・御クラノカワコ・アヲリ下候也、

廿九日、晴、丁亥、」

（26ウ）

一、今日勘解由少路三位入道本所御礼トテ出來候、五コンキリムキニテ大酒候也、彼供北村二郎衛門・ホリヘ・ミツマキ、

卅日、雨降、戊子、

足利義尚遺骸歸洛　將軍御歸陣の體なり

一、自江州室町殿御歸陣躰也、公家衆先陣、次五番衆、八時東洞院上、近衛・室町上、一條西、北山之等持院、先御臺、次室町殿御輿、次女房衆御乳人以下八九丁、一條ヨリ室町殿輿計等持

日野富子一條にて聲を惜まず慟哭す
行列先頭は御小袖唐櫃次に旗箱
見物公家衆

（27オ）

院也、一條ニテ御臺御コシノ内ニテ、コヘモヲシマスムツカ」リケリ、シルモシラヌモナミタヲナカシケリ、御供ノ様色々不審多之、路次一番ニ御小袖御唐櫃、次御ハタハコ、細川（政元）・畠山（尚順）今日御上洛候也、見物公家方是ヘ御出候也、柳（柳原資綱）殿・三條西（實隆）殿・慈（滋）野井（教國）殿・北野藪（四辻實仲）殿・上冷泉（爲廣）殿御方・中山（宣親）殿・入江坊・町（廣光）殿、食籠、酒御座候也、

一、米請取七石一斗五升三合、三月代四貫百文、入目六石五斗、殘六斗五升三合、

○コノ年未完、以下第五巻ニ續ク、

昭和四十七年三月三十日　第一刷発行
昭和六十二年八月十五日　第二刷発行

史料纂集 ㉒
山科家禮記 第四
校訂　豊田　武
　　　飯倉晴武

発行者　太田善麿
東京都豊島区北大塚一丁目一四番六号

製版所　続群書類従完成会製版部

印刷所　株式会社平文社
東京都豊島区南大塚二丁目三五番七号

発行所　株式会社 続群書類従完成会
東京都豊島区北大塚一丁目一四番六号
電話＝東京(915)五六二一　振替＝東京二―六二六〇七

史料纂集既刊書目一覧表

- ⑺ 師郷記 3
- ⑻ 妙法院日次記 3
- ⑼ 田村藍水西湖公用日記 全
- ⑽ 花園天皇宸記 3
- ⑾ 師郷記 4

古文書編

- ① 熊野那智大社文書 1
- ② 言継卿記紙背文書 1
- ③ 熊野那智大社文書 2
- ④ 西福寺文書 全
- ⑤ 熊野那智大社文書 3
- ⑥ 青方文書 1
- ⑦ 五条家文書 全
- ⑧ 熊野那智大社文書 4
- ⑨ 青方文書 2
- ⑩ 熊野那智大社文書 5
- ⑪ 気多神社文書 1
- ⑫ 朽木文書 1
- ⑬ 相馬文書 全
- ⑭ 気多神社文書 2
- ⑮ 朽木文書 2
- ⑯ 大樹寺文書 全
- ⑰ 飯野八幡宮文書 全
- ⑱ 気多神社文書 3
- ⑲ 光明寺文書 1
- ⑳ 入江文書 全

史料纂集既刊書目一覧表

古記録編

配本回数	書名	巻数
①	山科家礼記	1
②	師守記	1
③	公衡公記	1
④	山科家礼記	2
⑤	師守記	2
⑥	隆光僧正日記	1
⑦	公衡公記	2
⑧	言国卿記	1
⑨	師守記	3
⑩	教言卿記	1
⑪	隆光僧正日記	2
⑫	舜旧記	1
⑬	隆光僧正日記	3
⑭	山科家礼記	3
⑮	師守記	4
⑯	葉黄記	1
⑰	経覚私要鈔	1
⑱	明月記	1
⑲	兼見卿記	1
⑳	教言卿記	2
㉑	師守記	5
㉒	山科家礼記	4
㉓	北野社家日記	1
㉔	北野社家日記	2
㉕	師守記	6
㉖	十輪院内府記	全
㉗	北野社家日記	3
㉘	経覚私要鈔	2
㉙	兼宣公記	1
㉚	元長卿記	全
㉛	北野社家日記	4
㉜	舜旧記	2
㉝	北野社家日記	5
㉞	園太暦	5
㉟	山科家礼記	5
㊱	北野社家日記	6
㊲	師守記	7
㊳	教言卿記	3
㊴	吏部王記	全
㊵	師守記	8
㊶	公衡公記	3
㊷	経覚私要鈔	3
㊸	言国卿記	2
㊹	師守記	9
㊺	三藐院記	全
㊻	言国卿記	3
㊼	兼見卿記	2
㊽	義演准后日記	1
㊾	師守記	10
㊿	本源自性院記	全
51	舜旧記	3
52	台記	1
53	言国卿記	4
54	経覚私要鈔	4
55	言国卿記	5
56	言国卿記	6
57	権記	1
58	公衡公記	4
59	舜旧記	4
60	慶長日件録	1
61	三箇院家抄	1
62	花園天皇宸記	1
63	師守記	11
64	舜旧記	5
65	義演准后日記	2
66	花園天皇宸記	2
67	三箇院家抄	2
68	妙法院日次記	1
69	言国卿記	7
70	師郷記	1
71	義演准后日記	3
72	経覚私要鈔	5
73	師郷記	2
74	妙法院日次記	2
75	園太暦	6
76	園太暦	7

山科家礼記 第4　　史料纂集 古記録編〔第22回配本〕
〔オンデマンド版〕

2014年7月30日　初版第一刷発行　　定価（本体9,000円＋税）

校訂　豊田武
飯倉晴武

発行所　株式会社　八木書店 古書出版部
代表 八木乾二
〒101-0052 東京都千代田区神田小川町3-8
電話 03-3291-2969（編集） -6300（FAX）

発売元　株式会社　八木書店
〒101-0052 東京都千代田区神田小川町3-8
電話 03-3291-2961（営業） -6300（FAX）
http://www.books-yagi.co.jp/pub/
E-mail pub@books-yagi.co.jp

印刷・製本　（株）デジタルパブリッシングサービス

ISBN978-4-8406-3306-2　　AI314